책으로
즐거운
두근두근
책놀이

문해력을 키우는 놀이 중심의 독서 교육부터 즐거운 수업 활동까지

책으로 즐거운 두근두근 책놀이

선생님들이 직접 만들고 해 본 32개의 놀이로
즐겁게 텍스트를 읽고 생각을 나눌 수 있도록 돕는 책

단비 danbi

차 례

1부 책 놀이터

책가방 | 014
북세통 퍼즐 | 018
두근두근 도서관 로토 | 022
책으로 날아 보자 | 027
행운의 이름 | 034
낭독의 재발견 | 040

2부 도서관 놀이터

리턴 | 048
KDC 팜팜 | 054
KDC 책버거 | 061
KDC 쁘띠바크 | 072

3부 단어 놀이터

갈래 말래 빙고 | 078
책연필 펜싱 | 083
교차로의 한 글자 | 088
W.O.W. | 093
키워드 식스센스 | 099
N행시 과거시험 | 110
돌돌이 마인드맵 | 114

4부 이야기 놀이터

이야기 명탐정 | 122

이야기 차차차 | 127

신호등 띠빙고 | 132

책그그 | 138

산타북로스 | 143

인상 쓰기 좋은 날 | 148

5부 시 놀이터

BTS | 154

7·7·7 | 160

고백시점프 | 166

시 그림 퀴즈 | 172

6부 아무튼 놀이터

한글통 | 180

북마블 | 185

책바퀴 | 192

복불복 퀴즈 랜덤 박스 | 198

내가 사랑하는 시간 | 203

서문

책, 놀이를 만나다
그 8년의 즐겁고 행복한 여정을 담다

책과 놀이, 그리고 사람. 2017년 겨울의 끝자락, 우리의 만남은 시작되었다. 책놀이 연수가 있었고, 그 후에 책놀이 교사 연구 모임이 만들어졌다. 처음 모임을 시작할 때 우리는 약정이란 걸 한다. 최소 3년을 같이 공부하기로. 그 약속은 3년을 훌쩍 넘어 어느덧 8년의 세월을 이어 오고 있다.

아이들이 몰입해서 책을 읽을 수 있도록 도와줄 방법은 뭘까? 재미있게 좋은 책을 추천하는 방법은? 아이들이 학교 도서관에서 즐거운 독서 경험을 체계적으로 할 수 있게 하려면? 노력하지 않아도 저절로 이런 생각에 빠져드는 소중한 날들이 첫 마음 그대로 지금까지 이어져 오고 있습니다.

_오향옥, 인천효성고 국어 교사

책이 놀이를 만난다. '놀이'는 '놀다'의 어근 '놀-'에 접사 '-이'가 붙어서 이루어진 말이다. '놀다'라는 동사는 여러 가지 뜻을 가지고 있다. 소극적으로 일을 하지 않고 쉰다는 휴식의 뜻이 있는가 하면, 적극적으로 재미를 즐기기 위해 일정한 놀이 활동을 한다는 뜻도 있다. 독서는 인간의 고등 사고 능력을 활용한 능동적 정신 활동으로 일종의 '놀이'라고 설명할 수 있다.

아이들의 일상은 거의 놀이 활동을 통하여 이루어진다고 해도 과언이 아니다. 아이들은 놀이를 통해 주변 세계를 확인할 수 있는 기회를 가지게 되며, 주변을 인식하고 인과 관계를 이해하게 된다. 즉 놀이를 통해 사회적·신체적·지적·정서적인 성장을 이루게 된다. 아이들은 부모나 교사의 시선이 미치지 않는 곳에서도 그들만의 놀이를 계속하고, 또 새로운 놀이를 만들어 나간다.

놀이를 통해 사람들이 얻을 수 있는 것이 많다. 아이들은 놀이에 자발적으로 몰입한다. 재미있는 활동을 하다 보면 새로운 에너지를 얻는다. 자존감도 놀이와 관련이 있다. 자존감이 높은 사람은 자기 수용 능력이 높기에 다른 사람이 자신을 비난하거나 무시해도 감정적 동요가 적고 상처를 덜 받는다. 이런 태도는 위기 상황이나 문제 해결의 상황에서 더 적극적인 자세를 가지게 도와준다. 놀이가 가진 기본적인 특징 중 하나가 '비일상성'인데, 이것은 곧 우리 일상 생활에 영향을 미치지 않기에 실패해도, 잘 못해도 큰 피해가 없다는 이야기가 된다. 설령 실패하더라도 부담이 적고 지속적인 시도를 통해 그 실패를 극복해 가는 과정을 충분히 즐기면서 할 수 있다는 것이다. 또 성공 경험을 늘려 주는 것도 마찬가지이다. 다른 사람의 감정을 잘 인식하는 것 또한 놀이를 통해 키울 수 있는 기본 능력 중 하나이다. 놀이는 혼자서 하는 것보다는 여럿이 어울려 하는 것이 많다. 또 그럴 때 더욱 즐거워한다. 함께 무언가를 한다는 것은 다른 사람에 대해 여러 가지를 겪어 본다는 것을 말하기도 한다. 따라서 다른 사람의 감정을 잘 알고 이해하는 데에 큰 도움이 된다. 이처럼 놀이의 장점은 무수히 많다.

놀이는 새로운 이미지를 만들어 가고 있다. 그 시작은 바로 교육과 놀이의 접목이라고 할 수 있다. 놀이가 아이들의 교육에 적용이 되면 더 많은 학습효과를 거둔다는 것 때문이다. 이것은 교육학자들의 연구와 교육 현장의 적용으로 재론의 여지가 없다. 이런 이유로 우리 사회에 수많은 놀이가 등장하고 있다. 놀이식 유치원에서부터 수학 놀이, 과학 놀이 등 각 영역에 놀이를 붙이더니 놀이 치료라는 말은 이제 특별하게 들리지도 않을 정도이다.

책놀이를 배우면 수업에 바로바로 적용했는데, 신나서 행복해 하는 아이들의 모습을 볼 때마다 책놀이 모임에서 보았던 우리 선생님들의 반응이 떠올랐어요. 우승의 단맛, 아쉽게 틀렸을 때의 짠맛, 힌트의 감칠맛 등 다양한 맛과 그 맛을 느낀 살아 있는 표정들. 서로가 한마음 한뜻으로 응원하고, 함께 성취감을 느끼는 모습도 똑같았죠.

_방희조, 인천중산고 과학 교사

책과 놀이의 만남, 만약 책 읽기가 놀이처럼 재미있고 사회적·신체적·지적·정서적 성장을 함께 이룰 수 있다면 이처럼 좋은 독서교육 방법은 없을 것이다. 그 방법을 찾았다. 책과 놀이의 결합 형태인 책놀이는 '책 읽기의 전·중·후 과정에서 실시하는 놀이 활동'을 말한다. 책놀이는 독서와 놀이의 결합 형태로 아동의 독서 동기, 흥미, 태도 및 읽기 이해를 돕는 독서 전략이다. 놀이는 미래 사회의 핵심 역량인 창의적 사고 역량, 협력적 소통 역량, 공동체 역량의 발달에 효과적이다. 텍스트와 놀이의 만남을 통해 어휘력, 문제 해결 능력, 창의적인 아이디어를 창출하기도 한다. 또래와 함께하는 활동으로 공동체 안의 소속감과 유대감을 형성하고, 놀이 규칙과 상호 작용으로 사회적 관계를 형성하며 협력적 소통 능력을 기르게 된다.

일부 연구자들은 책놀이를 '놀이 그 자체의 목적' 외에는 다른 목적을 설정하지 않으며, 독서의 인지적 기능 향상을 목표로 하는 교육의 수단적 측면의 놀이 활동과는 구분된다고 보기도 했다. 이 같은 연구는 초기에 시도되었던 책놀이가 놀이 그 자체에 목적을 둔, 즐거움과 재미와 같은 정서를 바탕으로 한 활동이 많았기 때문이다. 기존의 책놀이는 많은 부분 독후 활동에 초점을 맞추고 있다.

책을 좋아하는 아이들에게 책을 읽히고, 다양한 활동을 통해 그 재미와 깊이를 더해 가는 책놀이 활동도 의미가 있다. 이러한 활동을 통해 책을 읽기 싫어하는 아이들이 책 읽기에 흥미를 가지기도 한다. 하지만 독후 활동에 주된 방점을 두었기에 책 읽기를 싫어하는 아이들을 즐거운 책 읽기로 안내하는 것에 한계도 존재한다. 학년이 올라갈수록, 학교급이 달라질수록 독후 활동 중심의 책 놀이에 아이들은 흥미를 잃게 된다. 실제 책 읽기를 좋아하는 아이들은 굳이 책놀이를 하지 않아도 책을 읽는다. 문제는 책 읽기의 즐거움을 아직 맛보지 못한 아이들이다. 책놀이는 책에 관심이 없는, 독후 활동까지 이르지 못하는 아이들에게 놀이와 함께하는 독서 전·중·

후 활동으로 독서의 즐거움을 맛보게 해 준다.

교사로서 가장 행복한 시간은 아이들의 살아 있는 눈빛을 마주하는 수업 시간, 수업으로 아이들과 신명 나게 대화하는 그 시간일 것입니다. 국어 교과에 책놀이는 찰떡이어서 여러 단원, 한 학기 한 권 읽기 활동에 녹여 내면 놀라울 정도로 아이들이 적극적으로 참여하는 모습을 보이죠.

_이미숙, 신흥여중 진로 교사

책놀이 환경은 변화하고 있다. 책놀이를 실천하는 교사 모임을 중심으로 놀이 개발, 수업 실천, 교육과정 개발, 관련 도서 출판, 교육청·학교 단위 교원 연수 등 그 저변이 점차 확장되어 가고 있다. 책놀이는 놀이의 즐거움을 추구하는 활동에서 교과 연계 읽기 전략으로 그 영역을 넓혀 가고 있으며, 초등학교 중심에서 중·고등학교로, 독후 활동에서 독서 전·중·후 연계 활동으로 진화하고 있다. 학교 교육과정 연계 책놀이가 개발되고, 체계적인 책놀이 연수 프로그램이 보급되어 방과 후 학교, 늘봄학교, 자유학기제, 교과 수업 등 다양한 영역에서 그 활용도가 높아지고 있다. 책놀이는 특정 연령대에 머무르지 않는다. 유아·초등뿐만이 아니라 청소년·성인·노인까지 전 연령대로 그 영역을 넓혀 가고 있다. 행복한 독서, 평생 독자로 나아가는 그 길에 책놀이는 좋은 나침반이 되어 줄 것이다.

함께 모여 책으로 논다는 건 정말 매력적인 일이다. 책놀이는 '소소하지만 확실한 행복'이 되어 준다. 책과 놀이의 만남은 수업이 된다. 국어, 영어. 수학, 사회, 과학, 윤리, 진로, 도서관 등 교과목과 공간을 가리지 않는다. 책놀이를 통해 '놀이의 힘'을 다시금 깨닫기도 한다. 책놀이는 수업의 기술이 아닌 배움의 가치를, 누구 하나 소외되지 않고 서로를 배려하는 깨어 있는 수업을 확인하게 한다. 8년의 옹골찬 결실을 책으로 담았다. 함께 놀이를 고민하고, 수업으로 그 결과를 확인했다. '책, 도서관, 단어, 이야기, 시, 아무튼'이라는 주제로 32개의 놀이를 담았다. 고르고 골랐다. 놀이가 가지는 경쟁 요소를 줄이고 모둠이 협력할 수 있는 여러 방안을 고민했다. 놀이는 모두가 즐거울 때 그 가치가 더욱 커지기 때문이다. 놀이를 따라가다 보면 그 끝에 배움, 소통, 관계, 이해, 행복, 웃음, 몰입을 만나게 된다. 그 여정에 이 책은 친절한 길동무가 되어 줄 것이다.

1부
책 놀이터

책가방 | 북세통 퍼즐 | 두근두근 도서관 로토

책으로 날아 보자 | 행운의 이름 | 낭독의 재발견

#책 제목 맞히기 #책 표지로 놀기 #저 책 어디서 많이 봤는데

책가방 | 책이 가려진 방

책의 제목이 가려진 표지를 자세히 관찰한 후, 표지에 담긴 다양한 요소를 힌트 삼아 책의 제목을 맞히는 놀이. 이 과정에서 책에 대한 호기심과 흥미를 유발할 수 있는 놀이.

- ▶ 관련 역량
  - ☐ 공동체역량   ☐ 협력적소통역량   ☑ 지식정보처리역량
  - ☑ 자기관리역량   ☐ 창의적사고역량   ☑ 심미적감성역량
- ▶ 활동 단계   ☑ 읽기 전   ☐ 읽기 중   ☐ 읽기 후
- ▶ 놀이 형태   ☑ 개별   ☐ 모둠
- ▶ 인원   10~30명
- ▶ 시간   10분
- ▶ 준비물   놀이용 PPT

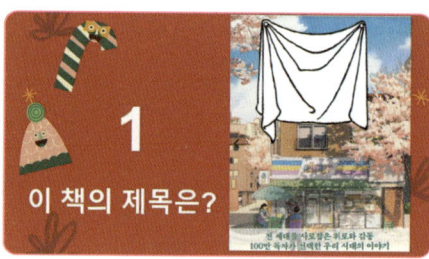

책가방 문제 PPT
(진행용 1개)

▶ **놀이 방법**

① 놀이의 진행을 위한 사전 준비를 한다.
  ▷ 표지 디자인, 저자명, 출판사의 이름 등은 보이면서도 책의 제목은 보이지 않도록 표지를 편집하여 책가방 문제 PPT를 만든다.
  ▷ 참여자들이 맞히기 쉽도록 책 표지가 많이 알려진 책과 참여자들에게 추천하고 싶은 책을 적절히 섞어서 책가방 문제 PPT를 제작한다.
② 진행자가 책의 제목이 가려진 표지를 보여 준다.
③ 참여자들은 책의 표지에 제시된 모든 정보를 활용하여 책의 제목을 추측한다.
④ 정답을 아는 참여자는 손을 들어 정답을 외치고 책의 제목을 말한다. 정답이면 1점을 획득한다.
⑤ 진행자가 준비한 문제를 다 풀 때까지 놀이를 계속하고, 놀이가 끝나면 획득한 점수를 합산하여 점수가 가장 높은 참여자가 우승한다.

▶ **놀이 과정**

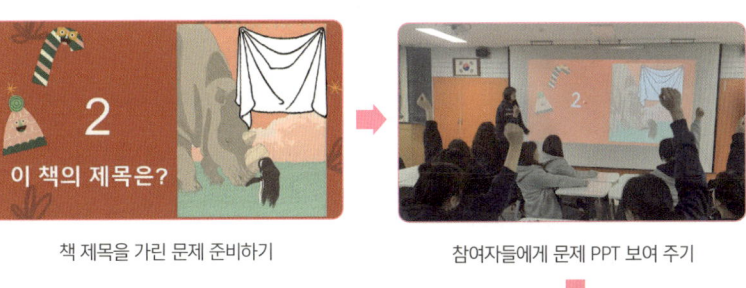

책 제목을 가린 문제 준비하기 　　 참여자들에게 문제 PPT 보여 주기

참여자들에게
정답 보여 주기

▶ **즐거운 놀이를 위한 TIP**

❶ 개인별로 책의 제목을 맞히게 할 수도 있지만, 참여자들이 맞히기 어려운 생소한 책이라면 모둠별로 놀이를 진행하여 의견을 나누며 정답을 찾는 것도 재미있어요.

❷ 책의 제목만 맞히고 끝나는 것이 아니라 맞힌 책의 제목과 표지를 통해 책의 내용을 추측하도록 할 수도 있어요. 이렇게 하면 참여자들의 다양한 생각을 알 수 있고, 서로의 생각을 통해 책에 대한 관심과 흥미를 더 높여 줄 수 있어요.

❸ 진행자가 놀이를 준비할 수도 있지만, 참여자들이 추천하고 싶은 책을 직접 준비해서 출제하고 놀이를 진행하는 것도 좋아요.

▶ **함께 나누는 놀이 소감**

읽을 책을 선택할 때 책의 표지는 중요한 역할을 한다. 표지에는 제목, 그림, 책 속 문장, 추천사 등 책에 대한 많은 정보, 즉 파라텍스트^{paratext}가 담겨 있기 때문이다. 하지만 아이들은 좋은 책임에도 불구하고 표지 때문에 그냥 지나치거나, 단순히 책의 표지가 마음에 든다는 이유로 내용은 고려하지 않고 책을 선택하는 경우도 많았다. "얘들아, 책의 표지를 좀 꼼꼼하게 보면 안 되겠니?" 이런 안타까운 마음이 커져 갈 때, 혜성처럼 등장한 '책가방' 놀이는 아이들이 책의 표지에 담긴 의미를 살펴볼 수 있는 기회가 되었다. 또한 오직 '책 표지가 예쁘면 읽어 주리라!'와 같은 미적 요소로만 책을 고르던 아이들에게 표지를 통해 책의 내용을 깊게 생각할 수 있다는 깨달음도 주었다. '책가방' 놀이를 한 후에 한 학생이 이렇게 말했다. "책가방 놀이를 하니까 읽고 싶은 책이 더 많아진 기분이에요. 선생님이 놀이로 책을 추천해 주시는 느낌이었어요!" 이 정도면 '책가방' 작전은 성공 아닐까.

변형 놀이 소개

☺ 책의 표지를 직접 그리는 '책 그림'으로 변형하기

'책가방'이 책의 표지를 보고 책의 제목을 맞히는 책놀이라면, '책 그림'은 책의 표지를 그리는 놀이에요. 책의 표지를 보지 않은 상태에서 책의 제목을 알려 주고, 책에 대한 다양한 힌트를 통해 함께 읽을 책의 표지를 모둠별로 협의해서 그리도록 하는 방식으로 진행돼요. 참여자들은 책의 표지를 상상하면서 책의 내용에 더 흥미를 갖게 되고, 책을 읽은 후에 직접 그린 표지와 실제 표지를 비교해 보면서 표지에 어떤 요소들이 담겨 있는지 확인해 볼 수 있어요. 동시에 모둠별로 그린 책의 표지가 얼마나 다양한지도 함께 비교할 수 있어요.

연계 가능 수업 놀이 사례

[고등학교_국어] 도서관에서 수업할 때, 도서관과 친해지고 책에 대한 흥미를 유발할 수 있도록 신간 도서를 갖고 '책가방' 놀이를 진행했어요. 이 놀이를 통해 아이들은 새로 들어온 책에 관심을 가질 수 있었고, 교사가 추천하고 싶은 책도 자연스럽게 소개할 수 있었어요.

[고등학교_윤리와 사상] 윤리 과목의 수능이나 모의고사에서는 사상가들이 대화하는 형태의 문항이 종종 나와요. 그래서 아이들이 서양 사상가를 학습하기 전에 얼굴을 익히면서 관심을 가지면 좋겠다는 생각이 들었어요. '책가방'을 책의 표지가 아니라 플라톤, 아리스토텔레스, 벤담, 칸트 등 사상가들의 사진으로 만들어서 놀았더니 서양 사상에 대한 아이들의 흥미가 높아졌어요.

놀이에 도움을 주는 큐알 코드

[책가방]
▶ 책가방 문제 PPT
▶ 책가방 놀이 후 활동지

#세모 퍼즐 맞추기 #헷갈려 헷갈려 # 시간 순삭

북세통 퍼즐 | 북BOOK은 세모 퍼즐로 통한다

뒤죽박죽 섞인 책 제목과 책 정보가 마주보도록 서로 붙여 나가며 다양한 책을 재미있게 기억할 수 있는 놀이. 세모 모양 퍼즐을 하나의 형태로 먼저 완성한 모둠이 승리하는 놀이.

▶ **관련 역량**
- ☐ 공동체역량 ☑ 협력적소통역량 ☑ 지식정보처리역량
- ☐ 자기관리역량 ☐ 창의적사고역량 ☐ 심미적감성역량

▶ **활동 단계** ☑ 읽기 전 ☐ 읽기 중 ☐ 읽기 후

▶ **놀이 형태** ☐ 개별 ☑ 모둠

▶ **인원** 모둠별 2~4명

▶ **시간** 30분

▶ **준비물** 책 정보를 소개한 활동지, 북세통 퍼즐 조각

책 정보를 소개한 활동지 (개인별 1부)   북세통 퍼즐 조각 (모둠별 1세트)

▶ **놀이 방법**

❶ 책 목록과 책 정보를 정리한 활동지를 나누어 준다.
❷ 일정한 시간 동안 정독하며 활동지를 읽고 내용을 기억한다.
❸ 2~4명을 한 모둠으로 구성하고 모둠별로 북세통 퍼즐 조각을 나누어 준다.
❹ 참여자들은 활동지를 참고하여 책 목록과 책 정보가 일치하는 면이 서로 맞닿도록 퍼즐 조각을 붙여 나간다.
❺ 책 목록과 책 정보가 일치하는 면을 모두 연결하여 완성하면 정답을 외친다.

▶ **놀이 과정**

책 제목과 책 정보가 적힌 활동지를 읽으며 기억하기

북세통 퍼즐 조각 세트를 모둠별로 받고 퍼즐 조각을 보며 책 제목과 책 정보가 일치하는 면 찾기

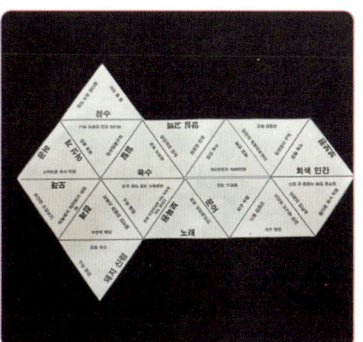

책 제목과 책 정보가 일치하는 면을 연결하여 모양을 완성하면 정답 외치기

책 제목과 책 정보가 일치하는 면이 만나도록 붙이기

▶ **즐거운 놀이를 위한 TIP**

❶ '북세통 퍼즐'은 '김정식 허명성의 과학사랑 사이트'를 참고해서 만들면 좋아요.
❷ 수학 교과에서 많이 활용하는 타르시아^{Tarsia} 프로그램으로 제작할 수도 있어요.
❸ 모둠별로 서로 다른 모양을 나누어 주면 다른 모둠의 모양을 따라 할 수 없어서 책 제목과 내용에 좀 더 집중할 수 있어요.
❹ 활동지를 보며 퍼즐 조각을 붙이는 활동이지만 활동지 없이 참여자들이 기억한 내용으로 활동을 이어 나가도록 하면 집중도가 더 높아져요.

▶ **함께 나누는 놀이 소감**

한 학기 한 권 읽기 프로젝트를 진행할 때, 다양한 책 목록을 참고하여 아이들이 책을 충분히 탐색하고 선정하기를 바라지만 현실은 그렇지 않을 때가 많다. 책 선정 과정에서 '북세통 퍼즐'을 진행하면 아이들이 책 정보를 꼼꼼하게 읽고, 자신이 읽을 책도 수월하게 고른다. 무엇보다 책 선정 과정이 한결 즐겁다. '북세통 퍼즐' 후에 읽고 싶은 책을 탐색하는 수업으로 연결하면 어느새 진지하게 책장을 넘기고 있는 아이들의 눈빛에 흐뭇해진다. '북세통 퍼즐'은 문법처럼 지식을 묻는 단원에서도 활용도가 높다. 교과의 핵심어와 그 내용을 뒤죽박죽 섞고, 매력적인 오답을 섞으면 아이들이 머리를 쥐어뜯으며 퍼즐 모양을 완성하기 위해 눈과 손이 바쁘고 수업 시간이 쏜살같이 지나간다. 아이들이 수업을 종료하는 종을 듣지 못하고 몰두하는 그 놀이가 바로 '북세통 퍼즐'이다.

연계 가능 수업 놀이 사례

[중학교_역사] 역사 교과는 이해하고 기억해야 할 정보가 많아요. 그래서 학생들이 여러 번 읽고 복습해야 할 부분들이 많다고 생각되었어요. 한국사를 고대, 중세사, 근대사, 근현대사 별로 중요 내용과 핵심어 또는 인물을 연결해서 '북세통 퍼즐'을 만들었어요. 난이도를 높이기 위해 헷갈리는 단어들을 많이 넣어 퍼즐을 만들면 학생들이 좀 더 집중해서 교과서를 보기 때문에 단원 정리할 때 좋아요. 2인 1모둠으로 하면 서로 모르는 부분을 찾고 설명해 줄 수 있어서 학습의 효과도 높았어요.

[중학교_진로] 진로 교과에서 미래 직업 탐색 활동으로 활용했어요. 직업명과 직무 내용을 연결하는 활동, 진로 상식을 주제로 '북세통 퍼즐'을 만들어서 연결하는 활동을 해 보았어요. 예를 들어 '3D 프린팅'이 적혀 있는 퍼즐 조각이라면 '설계도를 바탕으로 원료를 쌓아 물체를 만드는 기술'이라는 설명이 적힌 조각을 찾아 퍼즐을 이어 나가는 활동이에요. 수업 마무리 활동으로 '북세통 퍼즐'을 활용하면 끝까지 집중력과 재미를 놓치지 않을 수 있어요.

놀이에 도움을 주는 큐알 코드

[북세통 퍼즐]
▶ 책 정보 소개 활동지
▶ 북세통 퍼즐 문제 출제 data.txt

#책 목록을 알려 줄게 #엔도르핀 활성화 #부담 없이 책 고르기

두근두근 도서관 로토

'운명'을 의미하는 이탈리아어 'lotto'를 따서 만든 놀이. 로또 복권과 유사한 방식으로 책 목록에서 참여자가 직접 책 번호를 고르고, 진행자의 선택 번호와 맞춰 보며 운명의 1등 당첨자를 가리는 놀이.

▶ **관련 역량** ☐ 공동체역량 ☐ 협력적소통역량 ☑ 지식정보처리역량
　　　　　　　☑ 자기관리역량 ☐ 창의적사고역량 ☐ 심미적감성역량

▶ **활동 단계** ☑ 읽기 전 ☐ 읽기 중 ☐ 읽기 후

▶ **놀이 형태** ☑ 개별 ☐ 모둠

▶ **인원** 10~30명

▶ **시간** 25분

▶ **준비물** 책 소개 목록, 두근두근 도서관 로토 활동지

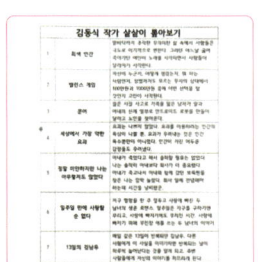

책 소개 목록
(개인별 1부)

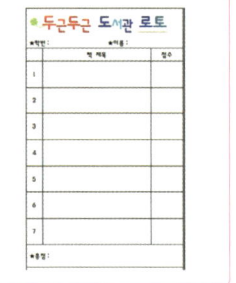

두근두근 도서관 로토 활동지
(개인별 1부)

▶ **놀이 방법**

❶ 진행자는 책 소개 목록과 활동지를 개인별로 나눠 준다.

❷ 참여자와 진행자 모두 책 목록을 읽고, 책 목록에서 자신이 고른 책 제목을 활동지에 무작위로 적는다.

❸ 참여자가 모두 다 적으면 진행자는 자신의 로토 번호와 책 제목을 발표하고 참여자는 자신의 점수를 아래의 계산 방법에 따라 활동지 점수 칸에 적는다.

▷ 점수 계산 방법은 다음과 같다.

ㄱ. 진행자의 로토 번호와 책 제목이 자신과 일치하면 50점

ㄴ. 로토 번호는 다르지만 같은 책을 썼으면 30점

ㄷ. 책이 일치하지 않아 점수 칸이 빈칸으로 남은 참여자는 빈칸마다 10점

• 예: 진행자가 '1번 소나기'라고 불렀는데 참여자가 1번에 '소나기'를 적었을 경우 50점을, 다른 번호에 '소나기'를 적었을 경우 30점을 점수 칸에 적는다.

❹ 점수를 합산하여 가장 높은 점수를 획득한 참여자가 우승한다.

▶ **놀이 과정**

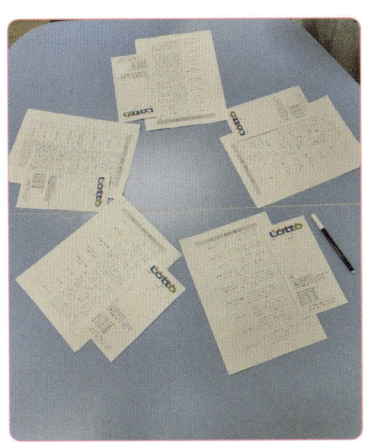

책 목록과 활동지를 개인별로 배부하기

각자 활동지를 작성하면 진행자가 자신의 책 목록을 발표하기

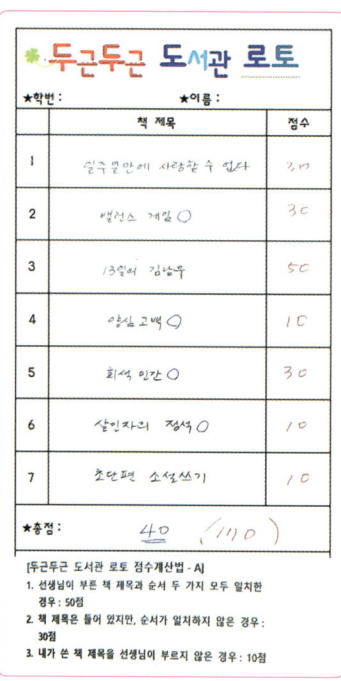

로토 점수를 계산하고 우승자를 선정하기

▶ 즐거운 놀이를 위한 TIP

❶ 책 소개 목록을 읽는 시간을 충분히 주는 것이 좋아요.

❷ 로토 발표 전에 진행자가 고른 로토 책에 대한 힌트를 한두 가지 정도는 줄 수 있어요.

❸ 진행자가 책 이름을 발표할 때 책상을 박자감 있게 두드리도록 하는 등 발표 분위기를 조성하면 놀이에 더 즐겁게 참여할 수 있어요.

❹ 진행자가 책 이름을 발표할 때, 책 이름만 말하지 않고 책에 대한 짧은 소개를 덧붙여 발표하면 참여자들이 책에 대해 더 깊은 인상을 받을 수 있어요.

❺ 진행자가 부르는 책과 일치하는 개수에 따라 등수를 매기는 방법

으로도 놀이를 진행할 수 있어요. 등수는 다음과 같이 정해져요.

ㄱ. 1등: 순서와 상관없이 7개 동일

ㄴ. 2등: 순서와 상관없이 6개 동일

ㄷ. 3등: 순서와 상관없이 5개 동일

ㄹ. 4등: 순서와 상관없이 4개 동일

ㅁ. 5등: 순서와 상관없이 3개 동일

ㅂ. 6등: 순서와 상관없이 2개 동일

▶ **함께 나누는 놀이 소감**

도서관 활용 수업을 할 때 아이들은 도서관으로 빠르게 이동하지 않는다. 아이들을 도서관에 빨리 오게 하기 위한 특단의 유인책이 필요한데, 그중 하나는 '두근두근 도서관 로토'를 할 때 부를 책의 이름에 대한 힌트를 먼저 온 아이들에게만 주는 것이다. 아이들은 그 사소한 힌트를 얻기 위해 도서관에 최대한 빨리 오려고 애쓰고, 더 많은 힌트를 얻기 위해 교사에게 먼저 이런저런 말을 건네기도 한다. 그 소소한 대화가 주는 재미가 나름 쏠쏠하다.

그리고 책 목록을 소개해야 할 때 학생들이 책 목록에 관심을 기울이게 하기가 어려운데, 놀이로 진행하니 책 목록과 책 내용에 대해 집중시킬 수 있었고 학생들이 좀 더 주의 깊게 듣는 모습이 보였다. 또한 다양한 책에 대해 새롭게 알고 궁금증을 가지게 할 수 있었다.

변형 놀이 소개

☺ **두근두근 교실 로또**

책 목록 대신 교과 수업 후 배운 내용 중에서 중요한 단어를 선정하여 목록을 만든 후에 이 목록 중에서 로또 용지에 골라 쓰는 방법으로 활용할 수 있어요. '두근두근 도서관 로또'의 방법과 동일한 방법으로 '두근두근 교실 로또'를 진행하면 수업 내용에 대한 이해도를 높일 수 있어요.

연계 가능 수업 놀이 사례

[중학교_국어] 모둠별 책 대화 수업을 할 때 교사가 선정한 책 목록을 가지고 '두근두근 도서관 로또'를 했어요. 모둠을 구성하기 전에 학생들의 개인적인 선호도를 알 수 있고, 긴 프로젝트 수업의 흥미와 기대감을 끌어올릴 수 있었어요.

[고등학교_윤리와 사상] 한 단원이 끝날 때마다 수업 끝나기 5분 전에 지속적으로 '두근두근 교실 로또'를 하고 있어요. 수업이 진행되는 동안 중요한 내용이 뭔지 생각해 두었다가 로또 종이에 적어요. 학생들이 로또 당첨에 울고 웃으면서 즐겁게 중요한 개념들을 다시 기억할 수 있었어요.

[중학교_학급 활동] 처음 같은 반이 된 친구들의 이름을 외우게 할 때 활용했어요. 모르는 친구들에게 찾아가 이름을 받아 적습니다. 재미있는 놀이로 친구들의 이름을 기억할 수 있었어요.

[고등학교_학급 활동] 학기 초 신입생 OT에서 학교의 특징을 소개할 때 학교의 장소, 특징, 축제 이름, 운동부 등의 자료를 제시하고 '두근두근 교실 로또'를 진행했어요. 지루할 수 있는 오리엔테이션이 재미있는 놀이를 만나 신나고 즐거운 시간이 되었어요.

놀이에 도움을 주는 큐알 코드

[두근두근 도서관 로또]
▶ 두근두근 도서관 로또 활동지
▶ 두근두근 교실 로또 활동지

#마법의 책 #책카페 감성 #책수다 말판 놀이

책으로 날아 보자

보드게임을 좋아하는 아이들의 특성을 반영한 말판 놀이로 주사위를 던져 나온 숫자만큼 이동하여 마지막 칸에 먼저 도착한 사람이 우승하는 놀이. 마법의 책 카드가 있어 소소한 재미를 더하고 책에 관한 다양한 경험을 모둠원끼리 공유하는 놀이.

- ▶ **관련 역량**　□ 공동체역량　☑ 협력적소통역량　□ 지식정보처리역량
  　　　　　　　☑ 자기관리역량　□ 창의적사고역량　□ 심미적감성역량
- ▶ **활동 단계**　☑ 읽기 전　□ 읽기 중　□ 읽기 후
- ▶ **놀이 형태**　□ 개별　☑ 모둠
- ▶ **인원**　모둠별 4~6명
- ▶ **시간**　40분
- ▶ **준비물**　마법의 책 카드, 스펀지 주사위, 이동 말, 말판

마법의 책 카드
(모둠별 1세트 18장)

스펀지 주사위
(모둠별 1개)

이동 말
(개인별 1개)

말판
(모둠별 1개)

▶ 놀이 방법

❶ 놀이의 진행을 위한 사전 준비를 한다.
  ▷ 진행자는 모둠 수만큼 '독서 경험 나누기' 말판을 B4 또는 A3 사이즈로 인쇄한다.
  ▷ 진행자는 모둠 수만큼 마법의 책 카드 파일을 이지커팅카드페이퍼(9칸) 종이에 인쇄하여 잘라 둔다.
  ▷ 참여자는 자신의 말을 출발 지점에 세워 둔다.
❷ 가위바위보를 해서 진 사람부터 시작한다. 차례는 진 사람의 오른쪽으로 돌아간다.

❸ 자신의 차례가 되면 주사위를 굴려 나온 수만큼 이동하여, 도착한 칸에 그려진 그림에 따라 행동하거나 질문에 답을 한다. 대답하지 못하면 한 칸 뒤로 간다.

▷ 만약 도착한 칸에 다른 사람의 말이 있으면 진행 방향으로 다른 말이 없는 칸이 나올 때까지 이동한다.

▷ 칸에 그려진 그림 또는 질문은 다음과 같다.

	1 마법의 책	2 질문	3 책카페	4 책날개 6	5 책미끄럼틀 4
그림 또는 질문		읽으면서 자꾸 웃음이 나왔던 책은?			
내용	마법의 책더미에서 카드 한 장을 뽑아 지시문을 소리내어 읽은 후 지시대로 이동하기 (사용한 카드는 더미 맨 밑에 넣기)	해당 질문에 답을 해야 하는데, 만약 질문에 답을 하지 못하면 1칸 후진하기	한 번 쉬기	숫자만큼 전진하기 (예: 6칸 전진)	숫자만큼 후진하기 (예: 4칸 후진)

❹ 누군가 마지막 도착 지점에 도달하면 놀이가 끝나고 그 사람이 우승한다. 반드시 도착 지점에 정확히 도달해야 하고, 그렇지 않으면 다음 차례에 다시 도전해야 한다.

▶ **놀이 과정**

모둠별로 놀이 준비가 끝나면, 주사위를 던져
나온 숫자만큼 이동한 후 해당 칸의
그림에 따라 행동하기

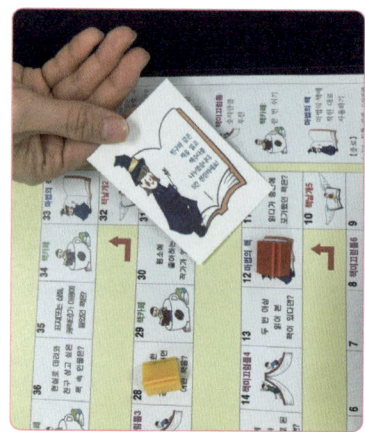

마법의 책 칸에 도착하면 마법의 책 카드를 한 장
뽑아서 지시문을 읽고 지시문대로 이동하기

누군가의 말이 도착 칸에 도달하면 놀이 끝내기

▶ **즐거운 놀이를 위한 TIP**

❶ 말판이 크면 가독성도 좋고, 말을 놓아두기도 좋으므로 말판을 준비할 때 플로터를 이용하여 A1 크기로 인쇄하는 것도 좋아요.

❷ 예산이 충분한 경우 한입 크기의 간식을 준비하여 말판의 빈칸에 깔아 놓고 놀이를 시작하면 더 열의를 갖고 즐겁게 참여하는 것을 볼 수 있어요.

❸ 스펀지 주사위를 사용하면 소음을 줄일 수 있어요.
❹ 말판의 기본 틀만 인쇄된 종이를 주고, 모둠별로 참여자들이 직접 문제를 만들고 완성된 말판은 다른 모둠과 바꾸어 놀이를 진행해도 재미있어요.

▶ **함께 나누는 놀이 소감**

"애들아, 공부하자!"라고 말하면 아이들은 시큰둥하다. 그런데 "애들아, 보드게임 할래?" 하면 고3 아이들도 "네, 좋아요!" 혹은 가능하면 하고 싶다는 마음을 담아 "무슨 보드게임인데요?"라는 호기심 어린 질문을 한다. 보드게임이 시작되면 아이들은 교사의 존재는 잊고 자신들의 놀이에만 집중한다. 어쩌다 분쟁이 일어나면 권위 있는 국제 심판을 모시듯 가끔 교사를 찾을 뿐이다.

이렇게 아이들이 좋아하고 교사도 수업 시간에 조금은 여유로운 마음으로 수업 장면을 관찰할 수 있다면, 전천후 이용 가능한 말판 놀이가 하나쯤 있으면 좋겠다는 생각이 들었다. 그래서 틈날 때마다 다양한 보드게임을 체험해 보면서 고민했다. 보드게임이 갖고 있는 일반적인 규칙을 따르면서도 책과 관련된 놀이 요소를 살리기 위한 즐거운 고민 끝에 '책으로 날아 보자'라는 말판 놀이가 만들어졌다. 이 놀이의 기본 틀이 처음 나온 것은 2018년! 벌써 많은 시간이 흘렀다. 그사이 '책으로 날아 보자'는 무궁무진하게 변신하여 글의 갈래에 따라 시·소설·비문학 버전도 만들어졌으며, 학기 초나 학기 말 교육과정협의회 같은 워크숍에서 구성원 간의 소통을 이끌어 내기 위한 '슬기로운 학교생활' 버전도 만들어졌다. '책으로 날아 보자'의 다양한 버전이 만들어지고 활용될 때마다 이만큼 변신이 무한하고 접근성이 좋은 놀이가 또 있을까 항상 감사한 마음이 든다.

변형 놀이 소개

☺ 독서감상문 쓰기 수행평가 후에 진행하는 '책으로 날아 보자'의 소설 버전

독서감상문 쓰기 수행평가의 경우 1학기에는 같은 소설, 2학기에는 다른 소설 작품으로 실시했어요. 수행평가 후 마무리 활동으로 '책으로 날아 보자' 소설 버전을 진행했어요. 1학기처럼 같은 책을 읽은 경우에는 책 내용을 공유하고 있기 때문에 공감하는 부분과 서로 다른 감상을 나누는 재미가 있었어요. 2학기처럼 다른 책을 읽은 경우에는 친구들이 읽은 책에 대한 궁금증과 호기심이 놀이에 대한 집중력을 더욱 높여 주는 것을 느낄 수 있었어요.

☺ 슬기로운 학교생활(교사 버전 & 학생 버전)

슬기로운 학교생활 교사 버전은 교직 생활과 관련된 질문들로 말판을 구성하고, 마법의 책 대신 교무수첩 카드로 구성 요소를 변경해요. 슬기로운 학교생활 학생 버전은 학창 시절에 경험해 보거나 생각해 볼 수 있는 내용으로 질문을 구성하고, 마법의 책 대신 교과서 카드로 구성 요소를 변경해서 학기 초나 학기 말에 활용할 수 있어요.

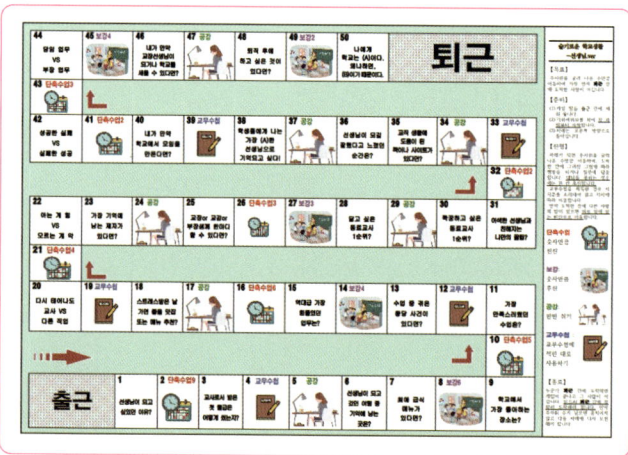

슬기로운 학교생활_교사 버전_말판

교무수첩 카드 앞면

교무수첩 카드 뒷면

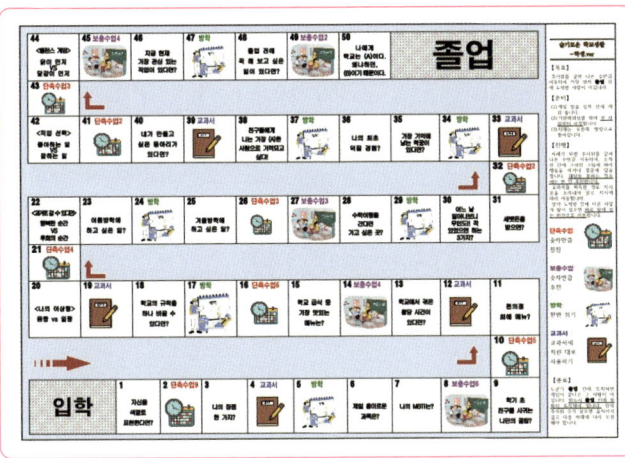

교과서 카드 앞면

교과서 카드 뒷면

슬기로운 학교생활_학생 버전_말판

연계 가능 수업 놀이 사례

[고등학교_국어] 한 학기 한 책 읽기를 위한 모둠을 만들고, 그 모둠원끼리 '책으로 날아 보자' 말판 놀이를 하면서 각자의 독서 경험을 공유하는 활동을 했어요. 놀이를 진행하면서 책에 얽힌 친구들의 다양한 경험을 경청하고 새로운 책을 알게 되는데, 그 책을 읽어 보고 싶다며 메모를 해 두는 아이들도 있었어요.

[고등학교_동아리 활동] 책을 좋아하거나 책을 좋아하고 싶은 아이들이 모이는 독서 관련 동아리에서 활용했어요. 놀이를 통해 편안하고 즐거운 분위기에서 자신이 읽었던 책에 관한 다양한 이야기들을 나눌 수 있어서 좋아했어요. 책날개, 책카페, 책미끄럼틀, 마법의 책 등 재미있는 놀이 요소가 있어서 아이들이 더 즐거워했어요. 이동 말이 마지막 지점에 도착하기까지 책에 대한 다양한 이야기들이 오갈 수 있어서 책 덕후들의 만족도가 특히 높았어요.

놀이에 도움을 주는 큐알 코드

[책으로 날아 보자]
▶ 책으로 날아 보자_다양한 버전_압축_종합 파일
▶ 책으로 날아 보자_다양한 버전_종합 파일
▶ 슬기로운 학교생활_교사&학생 버전_종합 파일

#함께 읽기 #내가 너의 이름을 부를 때 #서로의 존재 확인하기

행운의 이름

여러 명이 같은 책을 동시에 읽어야 할 때 집중하여 읽기 좋은 낭독 놀이. 자신이 다음 낭독자로 지명될 수 있다는 긴장감으로 읽기 활동에 집중하고, '행운의 이름'을 맞힐 수 있다는 기대감에 즐겁게 책을 읽을 수 있는 놀이.

▶ **관련 역량** ☐ 공동체역량 ☑ 협력적소통역량 ☑ 지식정보처리역량
　　　　　　　☑ 자기관리역량 ☐ 창의적사고역량 ☐ 심미적감성역량

▶ **활동 단계** ☐ 읽기 전 ☑ 읽기 중 ☐ 읽기 후

▶ **놀이 형태** ☑ 개별 ☐ 모둠

▶ **인원**　　　10~30명

▶ **시간**　　　40분

▶ **준비물**　　책(읽기 자료), 미션 카드

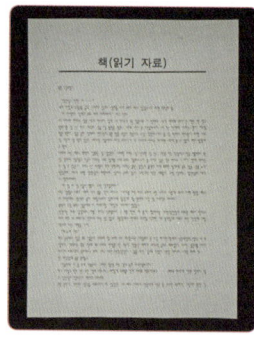

책(읽기 자료)
(개인별 1부)

미션 카드
(진행용 20장)

▶ **놀이 방법**

❶ 진행자가 마음속으로 선택한 참여자 1~5명의 이름을 아무도 보지 못하는 곳에 살짝 적어 두고 '행운의 이름'을 정했다고 알려 준다.
❷ 먼저 읽기를 원하는 참여자부터 책 읽기를 시작한다.
❸ 진행자가 적당한 부분에서 책 읽기를 멈추게 한다.
❹ 책 읽기를 멈춘 참여자는 이어서 읽을 참여자의 이름을 부른다.
❺ '행운의 이름'이 나와도 진행자는 모른 척하고 지목받은 참여자가 이어서 책을 읽게 한다.
❻ 다음의 경우 미션 카드를 받게 되고, 미션 카드를 가장 많이 받은 참여자는 수업 도우미로 뒷정리를 돕는다.
　▷ 이미 지목된 사람을 부르거나 이름을 잘못 부른 경우 진행자가 미션 카드를 주고, 다른 참여자를 새로 지목하게 한다.
　▷ 지목을 받았는데 어느 부분인지 몰라 제대로 이어 읽지 못한 경우에도 진행자가 해당 참여자에게 미션 카드를 준다.
❼ 같은 방식으로 주어진 분량이 끝날 때까지 놀이를 진행한다.
❽ 읽기가 모두 끝나면 '행운의 이름'을 밝히고 '행운의 이름'을 부른 참여자에게 선물을 준다.

▶ 놀이 과정

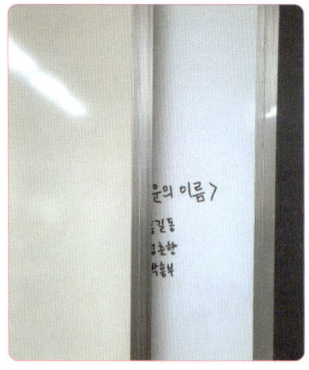
진행자가 '행운의 이름'을
보이지 않는 곳에 적기

먼저 읽기를 원하는 참여자가
낭독을 시작하기

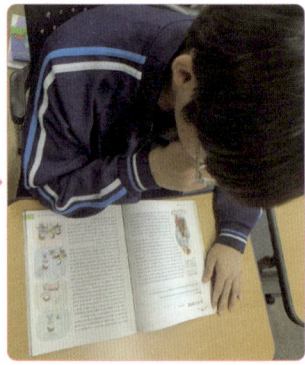
진행자가 중단시키면 첫 번째 참여자가
이어서 읽을 참여자 이름 부르기

이름이 불린 참여자는 낭독을 이어가고,
진행자의 안내에 맞춰 다음
낭독자를 호명하기

이미 호명된 이름을 부르면
'미션 카드'인 노란색 카드를
받고 다른 참여자의 이름 부르기

호명된 참여자가 낭독할 부분을 알지
못하면, '미션 카드'인 노란색 카드를
받고, 도움을 받아 낭독 이어가기

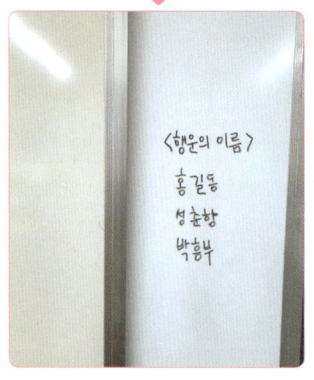
읽기가 모두 끝나면
'행운의 이름' 공개하기

'행운의 이름'을 호명한 참여자는
선물을 받기

'미션 카드'를 가장 많이 받은 참여자는
교실 뒷정리하기

▶ **즐거운 놀이를 위한 TIP**

❶ '가을에 어울리는 사람', '주말을 가장 기다릴 것 같은 사람' 등 그날의 날씨나 계절, 학교생활 등과 관련하여 '행운의 이름'을 정하면 놀이를 진행할 때 더 다양한 이름이 나와요.

❷ 처음 읽는 사람이 '행운의 이름'일 경우에도 선물을 받는다고 하면 읽겠다고 나서는 참여자가 많아요.

❸ '행운의 이름'의 수는 인원수나 분위기에 따라서 진행자가 원하는 만큼 정할 수 있어요.

❹ 참여자가 서로의 이름을 몰라서 부르지 못하는 경우가 있을 때는 손으로 가리키는 것도 가능하게 해 주세요.

❺ 참여자의 절반 이상이 놀이에 참여할 수 있도록 읽기 분량을 조절해 주세요.

❻ 가까이 있는 참여자의 이름만 불러서 놀이의 긴장감이 떨어진다면 남은 사람이 5명 이하인 경우를 제외하고는 전후좌우에 있는 사람의 이름은 부르지 못하게 해요. 그러면 긴장감이 살아나요.

❼ '미션 카드' 대신 '포스트잇', '칩' 등을 활용해도 괜찮아요.

❽ 이름을 공개한 후에 '행운의 이름'의 주인공이 자신의 이름을 부른 참여자에게 직접 사탕을 주고 하이 파이브를 하게 하면 서로 친해질 수 있는 기회가 될 수도 있어요.

▶ **함께 나누는 놀이 소감**

일반적으로 국어 교과 시간에 소리내어 윤독하는 활동을 해 보면, 학급에서 존재감이 큰 아이만 주로 지목받고 그렇지 못한 아이에게는 낭독의 기회가 잘 돌아가지 않는다. 그런데 '행운의 이름'을 해 보니, 다양한 아이들에게 낭독 기회가 돌아갔다. '가을에 어울리는 사람이 행운의 이름'이라고 힌트를 주었을 때는 '잘 먹는 사람, 고독한 사람, 책 많이 읽는 사람' 등 아이들끼리 그 이름에 어울리는 친구가 누구일지 떠올리며 기대감을 드러냈다. '행운의 이름'이 공개된 후에는 "가을에 ○○이가 잘 어울리는 이유가 뭔가요?", "제가 진짜 가을에 더 잘 어울려요!"라며 책 읽는 모습을 흉내 내며 '행운의 이름'에 집착(?)하기도 했다. 그리고 또래 관계가 중요해서인지 항상 엎드려 있던 아이도 '행운의 이름'을 할 때에는 초집중해서 읽기 부분을 놓치지 않고 참여하는 모습을 보여 주었다.

처음 놀이를 할 때에는, 글의 내용보다 글자를 읽는 데에만 집중하는 것은 아닌지 걱정이 되었다. 하지만 다 같이 읽으며 대략적인 내용을 파악하게 한 후 책의 내용을 정리할 수 있는 활동지 작성 시간을 주니, 평소에 혼자 읽지 못하던 친구도 활동지의 빈칸을 채우는 모습을 볼 수 있었다. '행운의 이름'은 혼자 읽지 못하거나 길게 집중하지 못하는 아이들을 위해서도 좋은 활동이라는 생각이 들었다.

연계 가능 수업 놀이 사례

[고등학교_중국어] 중국어 수업 시간에 중국 문화를 알 수 있는 작품의 일부를 발췌하여 '행운의 이름'으로 놀이를 진행했어요. 평소에 엎드려 있는 학생도 읽기 부분을 놓치지 않고 참여해서 신기했어요.

[고등학교_화법과 작문] 화법과 작문 기출 문제 풀이를 할 때, '행운의 이름'으로 기출 문제의 지문 읽기를 했어요. 문제 풀이를 해야 하기 때문에 교사가 설명해야 할 부분에서 읽기를 중단시키고 필기를 해 준 후에 다음 학생을 지목하게 했어요. 교사가 혼자서 지문을 읽을 때보다 학생들의 집중력이 더 높아지는 것을 느끼고 이후에는 자주 활용하고 있어요.

놀이에 도움을 주는 큐알 코드

[행운의 이름]
▶ 미션 카드 양식
▶ 행운의 이름_놀이 후 활동지

#낭독의 즐거움 #함께 읽기는 힘이 세다 #오독오독오도독

낭독의 재발견

10~30명 내외의 참여자가 집중해서 책을 함께 읽을 수 있는 놀이. 자신의 차례에는 낭독자가 되어 오독誤讀 없이 책을 읽어 칩을 받고, 경청자일 때는 낭독자의 오독을 먼저 발견하여 칩을 가장 많이 모은 참여자가 우승하는 놀이.

▶ **관련 역량** ☐ 공동체역량   ☐ 협력적소통역량   ☑ 지식정보처리역량
  ☑ 자기관리역량   ☐ 창의적사고역량   ☐ 심미적감성역량

▶ **활동 단계** ☐ 읽기 전   ☑ 읽기 중   ☐ 읽기 후

▶ **놀이 형태** ☑ 개별   ☐ 모둠

▶ **인원** 10~30명

▶ **시간** 40분

▶ **준비물** 책(읽기 자료), 핸드벨, 수 세기 칩

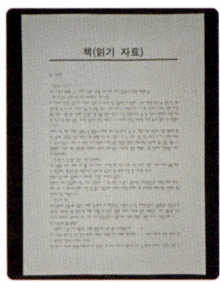
책(읽기 자료)
(개인별 1부)

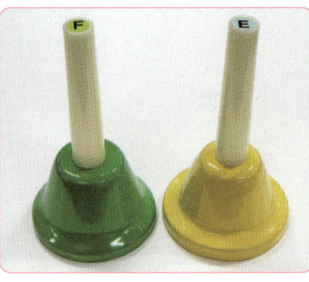
핸드벨
(진행용 2개)

수 세기 칩
(인원수 × 7개)

▶ **놀이 방법**

❶ 놀이의 진행을 위한 사전 준비를 한다.
　▷ 의자를 참여자 수만큼 원형으로 배치하고, 그 원의 한가운데 탁자를 둔다.
　▷ 의자 위에 함께 읽을 책과 수 세기 칩을 3개씩 올려 둔다.
　▷ 가운데 탁자 위에는 핸드벨을 올려 두고, 나머지 한 개는 진행자가 들고 있다.

❷ 참여자는 마음에 드는 자리에 앉는다.

❸ 참여자가 책을 읽을 때는 '낭독자', 책을 읽지 않을 때는 '경청자' 역할을 한다.

❹ 가장 먼저 읽을 낭독자를 정하고, 첫 번째 낭독자의 오른쪽 방향에 있는 참여자가 다음 차례 낭독자가 된다.
　▷ 낭독자는 진행자의 핸드벨이 울릴 때까지 책을 읽는다.
　▷ 진행자의 핸드벨이 울릴 때까지 오독 없이 읽은 낭독자는 진행자로부터 칩 1개를 받는다.

❺ 낭독자가 틀리게 읽은 경우, 오독을 인지한 경청자는 중앙으로 나가 핸드벨을 잡는다.

❻ 가장 먼저 핸드벨을 잡은 경청자가 틀린 부분에 대해 간단히 설명하는데, 그 내용이 맞으면 진행자로부터 칩 1개를 받는다. 그러나 그 설명이 틀리면 진행자에게 칩 1개를 반납한다.

❼ 핸드벨을 울리기 위해 나갔던 경청자가 모두 제자리에 앉으면, 다음 차례 낭독자가 틀린 부분부터 이어서 읽는다.

❽ 책이 끝날 때까지 놀이를 진행하고, 낭독이 끝난 후 칩을 가장 많이 모은 참여자가 우승한다.

▶ **놀이 과정**

놀이 진행을 위한 자리 배치하기

참여자는 원하는 자리에 앉아서 낭독 시작하기

낭독자가 오독하면, 경청자는 중앙으로 나가 핸드벨 울리기

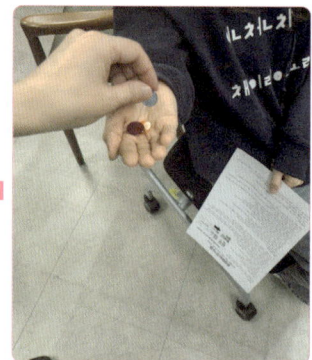
오독 설명이 맞으면 진행자에게 칩을 1개 받기

상황이 정리되면 제자리에 앉고, 다음 차례 낭독자가 낭독을 이어가며 책이 끝날 때까지 놀이 진행하기

▶ **즐거운 놀이를 위한 TIP**

❶ 처음 놀이를 할 때는 무엇보다 참여자의 흥미를 끌 수 있으면서도 시간 안에 읽을 수 있는 적절한 분량의 소설을 읽기 자료로 선정하는 것이 좋아요.

❷ 놀이를 시작하기 전에 오독의 사례를 간단히 설명해 주는 것도 좋아요.

❸ 놀이 중에 참여자들이 발견하지 못한 오독에 대해서 진행자는 일일이 지적하지 않는 것이 놀이의 흐름을 방해하지 않을 수 있어요.

❹ 최대한 원형에 가깝게 의자를 배치하더라도 실제 놀이에서는 중앙 탁자에 놓인 핸드벨까지의 거리가 좀 더 가깝거나 먼 자리가 존재할 수밖에 없어요. 놀이 중간중간에 참여자 전체가 자리를 5칸씩 이동하면 자리에 따른 불이익이나 불만이 생기는 것을 어느 정도 막을 수 있어요. 또는 30명이 넘는 다인수 학급에서는 종을 두 군데에 놓고 진행할 수도 있어요.

❺ 오독을 먼저 발견하여 칩을 획득한 참여자는 연속해서 칩을 얻을 수 없다는 규칙을 추가해요. 그러면 잘하는 한 사람에게만 점수가 몰리는 것을 막을 수 있고, 보다 많은 참여를 이끌어 낼 수 있어요.

❻ 낭독자가 틀리게 읽지 않았는데도 경청자가 핸드벨을 울리기 위해 미리 나가는 등 낭독에 방해가 되는 행동을 하면 진행자에게 칩 1개를 반납해야 한다는 '설레발 금지' 규칙을 사전에 안내하면 좋아요.

❼ 놀이 중간중간에 진행자는 참여자들이 읽은 내용을 간단히 요약하고, 다음 내용이 어떻게 전개될 것인지 참여자가 예측해 볼 수 있게 하는 질문을 던져 주는 것도 좋아요. 그러면 내용의 흐름을 놓치거나 잊었던 참여자들도 다시 내용에 집중할 수 있어요.

❽ 간혹 아예 읽기 활동 자체가 어려운 참여자도 있어요. 그런 때에는 진행자가 해당 참여자에게 도우미로 활동해 달라고 미리 부탁하는 것도 좋아요.

▶ **함께 나누는 놀이 소감**

'낭독의 재발견'을 진행해야 하는 첫 시간! 머릿속에서 놀이를 시뮬레이션해 볼 때는 즐거움만 한가득이었는데, 아이들이 재미없다고 하면 어쩌나 현실에서는 오히려 걱정만 한가득이었다. 더구나 1학기 말 모든 시험이 끝나고, 아이들은 다른 여러 과목 시간에 자유롭게 영화를 볼 수 있는 기회가 많아져 독서와는 더욱 거리가 멀어진 상황. 교실에서 이전 시간에 보던 영화를 계속 봤으면 좋겠다는 아이들의 요구를 못 들은 척하고, 온갖 감언이설로 꼬드겨 '낭독의 재발견'을 드디어 해 보았다.

다행히 '낭독의 재발견'은 현실에서도 상상만큼 재미있었다. 아이들은 생각보다 빠르게 새로운 놀이에 적응했다. 숨소리가 들리지 않을 정도의 초집중 상태에서 다른 아이의 낭독을 경청하면서도, 낭독자가 잘못 읽는 순간 아이들은 핸드벨을 잡기 위해 재빨리 몸을 날렸다. 핸드벨을 잡은 아이도, 잡지 못한 아이도, 미처 의자에서 일어서지 못한 아이도 입가에 미소가 번졌다. 내용의 전개에 따라 아이들은 피식 웃기도 하고, 이건 뭐지 하는 궁금증이 일어나는 표정을 짓기도 하면서 이야기 속에 푹 빠져들었다가도 오독의 순간을 놓치지 않았다. 그야말로 아이들은 놀이의 현실과 이야기 속 상상의 세계를 자유자재로 넘나들었다. 함께 읽기는 이렇게 힘이 세다!

연계 가능 수업 놀이 사례

[고등학교_문학] 1학기 기말고사가 끝난 후, 추천받은 소설인 『누군가의 마음』으로 놀이를 했어요. 그런데 학급마다 분위기가 달라 놀이에 소극적인 학급도 있었어요. 그래서 다른 학급에서 놀이를 시작할 때, 유능한 독자는 글자 하나하나보다 문장의 의미에 집중해서 읽기 때문에 오히려 틀린 글자를 잘 찾지 못한다는 연구 결과도 있다는 것을 알려주며 오독이 부끄러운 게 아니니까 친구들을 위해서 일부러 조금씩 틀리게도 읽어 주라고 우스갯소리를 했어요. 그랬더니 책을 조금 못 읽는 아이들도 덜 긴장했고 이전보다는 조금 더 활기찬 분위기에서 활동할 수 있었어요.

[고등학교_중국 문화] 소설 『정글만리』 일부를 발췌하여 놀이를 진행했어요. 학생 중에 연기 전공을 희망하는 학생이 있어 대화 부분을 정말 실감 나게 읽더라고요. 덕분에 다른 아이들도 낭독에 몰입하게 되고 참 좋았어요. 그런데 놀이를 계속 진행하다 보니 핸드벨을 울리러 나오는 아이들은 대부분 외향형이고, 나오던 아이들만 계속 나오더라고요. 소심한 아이들은 한 발자국도 떼지 못하는 경우도 있었어요. 그래서 다른 학급에서 진행할 때는 5~6개 정도로 모둠을 나누었고, 모둠별로 1명씩 돌아가며 참여하도록 했더니 소외되는 아이 없이 놀이를 진행할 수 있었어요. 아직도 저만 보면 '낭독의 재발견'을 또 언제 하냐며 물어보는 아이도 있어서 놀이를 진행한 보람을 느꼈어요.

놀이에 도움을 주는 큐알 코드

[낭독의 재발견]
▶ 낭독의 재발견_놀이 후 활동지

2부
도서관 놀이터

리턴 | KDC 팜팜 | KDC 책버거 | KDC 쁘띠바크

#기억해야 해 #도서관 연체료 #책 반납 미션

리턴Return

도서관에 가려고 집을 나선 '꼬미'가 무사히 도서관에 도착해서 책을 반납할 수 있도록 도와주는 모둠 협력 놀이. 집단지성을 발휘하는 과정에서 자연스럽게 KDC의 분류 체계를 익힐 수 있는 놀이.

- ▶ **관련 역량**　☑ 공동체역량　☑ 협력적소통역량　☑ 지식정보처리역량
　　　　　　　　☑ 자기관리역량　☐ 창의적사고역량　☐ 심미적감성역량
- ▶ **활동 단계**　☑ 읽기 전　☐ 읽기 중　☐ 읽기 후
- ▶ **놀이 형태**　☐ 개별　☑ 모둠
- ▶ **인원**　모둠별 4~6명
- ▶ **시간**　40분
- ▶ **준비물**　리턴 놀이를 위한 카드 세트, 시계 모형
- ▶ **카드구성**　길 카드, 이동 카드, 출발지 카드, 도착지 카드, 연체료 카드, 이동 말 꼬미

길 카드 (모둠별 55장 QR 참고)

이동 카드
(모둠별 40장 QR 참고)

출발지 카드
(모둠별 1장)

도착지 카드
(모둠별 1장)

연체료 카드
(모둠별 4장)

이동 말 꼬미
(모둠별 1개)

시계 모형
(모둠별 1개)

▶ **놀이 방법**

❶ 놀이의 진행을 위한 사전 준비를 한다.
  ▷ 길 카드의 뒷면이 위로 가게 놓고 골고루 섞는다.
  ▷ 출발지 카드에서 시작하여 길 카드를 모두 사용하여 자유롭게 길을 만든다. 길은 두 갈래 이상으로 나누어지지 않도록 한다.
  ▷ 도착지 카드를 완성된 길의 끝에 놓는다.
  ▷ 이동 카드를 뒷면이 위로 가게 섞은 후 참여자에게 골고루 나눠준다.
  ▷ 시계의 바늘을 8시에 맞추고, 꼬미를 출발지 카드 위에 놓는다.
  ▷ 놀이 순서는 가위바위보를 해서 진 사람부터 시작하고 오른쪽으로 진행한다.

❷ 자기 차례가 되면 본인이 가진 이동 카드 중에서 1장을 골라 제출하고, 이동 카드에 적힌 숫자만큼 꼬미를 앞으로 움직인다. 꼬미가 도착한 길 카드를 뒤집어서 앞면을 확인한다.
  ▷ 자신이 낸 이동 카드와 길 카드의 색깔이 다른 경우에는 길 카드에 적힌 시간만큼 시계의 바늘을 움직인다.
  ▷ 자신이 낸 이동 카드와 길 카드의 색깔이 같은 경우에는 시계의 바늘을 움직이지 않는다.
  ▷ 길 카드가 시간 절약 카드인 경우에는 시계의 바늘을 움직이지 않는다.
❸ 다음 참여자들이 차례대로 놀이를 진행할 때 시계의 바늘이 오후 8시를 가리키거나 오후 8시를 지나면 도서관은 문을 닫고 꼬미는 책 반납에 실패한다.
❹ 도서관의 문이 닫히면, 연체료 카드를 내고 다음 라운드를 시작한다.
  ▷ 새로 시작하기 전 공개된 길 카드의 앞면을 기억하고, 카드를 뒤집어 뒷면이 위로 가게 놓는다. 이때, 길 카드의 순서는 바꾸지 않는다.
  ▷ 이동 카드를 섞어서 나눠 가진다.
  ▷ 시계의 바늘을 다시 오전 8시로 맞추고 꼬미를 출발지 카드 위에 놓는다.
❺ 총 다섯 번의 라운드 중 도서관의 문이 닫히기 전에 꼬미가 도착하면 책 반납 미션에 성공한다.

▶ 놀이 과정

출발지 카드, 길 카드, 도착지 카드 순으로 자유롭게 길을 만들고, 이동 카드를 나눠 가져 놀이 준비하기

시계의 바늘을 8시로 맞추고, 꼬미를 출발지 위에 놓고 시작하기

참여자가 가진 이동 카드 중 1장을 제출하고, 이동 카드에 적힌 숫자만큼 꼬미를 이동하기

공개된 길 카드의 앞면을 마지막으로 확인하기

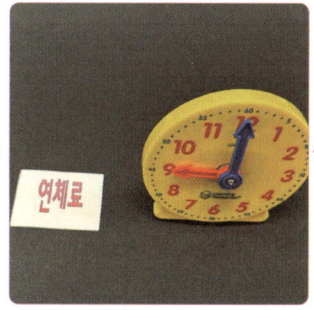

시계의 바늘이 오후 8시를 가리키거나 지나면, 연체료 카드를 내고 다음 라운드를 준비하기

꼬미가 도착한 길 카드와 이동 카드의 색깔을 비교하여 시계의 바늘을 움직이기

공개된 길 카드를 뒤집어 뒷면이 위로 가게 놓고, 이동 카드 나눠 가지기

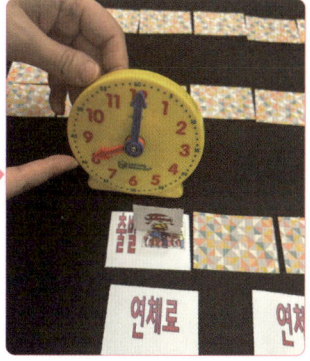

시계의 바늘을 8시로 맞추고 꼬미를 출발지 위에 놓은 후 새로운 라운드 시작하기

5라운드 안에 꼬미가 도서관에 도착하면 놀이 종료하기

▶ **즐거운 놀이를 위한 TIP**

❶ 첫 번째 라운드에서는 길 카드의 위치를 기억하는 데 집중하도록 안내해 주세요.

❷ 이동 카드를 제출할 때 모둠원끼리 상의하면서 놀이를 진행해요. 길 카드의 색깔을 떠올리고, 어떤 이동 카드를 내면 좋을지 의견을 공유함으로써 서로 협력할 수 있어요.

❸ 모둠원이 각자 구역을 맡아 길 카드의 순서를 기억하도록 하면 좋아요.

❹ 놀이를 어려워한다면 한 라운드의 시간을 12시간에서 24시간으로 늘려 주세요.

❺ 길 카드의 수를 변경하여 놀이의 난이도를 조절할 수 있어요.

▶ **함께 나누는 놀이 소감**

'리턴'은 메모리 게임의 추억을 떠오르게 하는 놀이다. 그림이나 단어를 짝 맞추기 위해 카드의 위치를 기억해야 하는 방식이 비슷해 놀이 방법을 설명할 때 '메모리 게임'을 말해 주면 쉽게 이해한다. 교사가 시범을 보이고 차례가 돌아오면 옆에서 도와주는 것도 효과적이다. 처음엔 조금 어렵게 느낄 수 있지만 친구들과 함께 협력하여 길을 찾아가는 과정이 재미있어서 협력 놀이의 진수를 경험할 수 있다. 학생들은 연체료 카드를 낼 때 무척 아까워하고, 친구들과 힘을 합쳐 마침내 미션을 완수했을 때 큰 뿌듯함을 느낀다. '리턴'을 통해 KDC 분류 체계를 익힌 학생들은 도서관에서 직접 책을 찾을 때 KDC 분류 체계를 활용할 정도로 도서관과 친숙해진다. 가까이 있지만 멀기도 한 도서관. 리턴을 통해 도서관으로 향하는 아이들의 발길이 늘어나기를 기대해 본다.

연계 가능 수업 놀이 사례

[고등학교_통합과학] '물질의 규칙성과 결합' 단원에 적용하여 원소, 양이온과 음이온, 이온 결합 물질, 공유 결합 물질과 관련한 개념으로 카드를 제작했어요. 원자의 전자배치, 양이온과 음이온의 형성 원리, 이온 결합과 공유 결합의 차이를 이해하고 이를 그림 모형으로 구분할 수 있어야 하기에 수업 놀이로 적용할 때는 일부 이동 카드에 그림 모형을 포함했어요. 카드의 그림을 관찰하고 규칙을 파악하여 자연스럽게 개념을 익힐 수 있도록 했어요.

놀이에 도움을 주는 큐알 코드

[리턴]
▶ 카드 구성_KDC 버전
▶ 카드 구성_통합과학 버전

#5개 단어를 순서대로 외치기 #특수 카드 #다양한 변형 놀이

KDC 팜팜

다섯 개의 단어를 리듬감 있게 순서대로 외치고 이때 외친 단어와 펼친 카드가 일치하면 모두 재빨리 테이블 위에 손을 올리는 놀이. 규칙이 간단하면서도 재미있어서 다양한 형태로 변형이 가능한 놀이.

▶ **관련 역량** ☐ 공동체역량 ☐ 협력적소통역량 ☑ 지식정보처리역량
　　　　　　　☑ 자기관리역량 ☐ 창의적사고역량 ☐ 심미적감성역량
▶ **활동 단계** ☑ 읽기 전 ☐ 읽기 중 ☐ 읽기 후
▶ **놀이 형태** ☐ 개별 ☑ 모둠
▶ **인원** 모둠별 4~6명
▶ **시간** 20분
▶ **준비물** KDC 팜팜 카드 세트(일반 카드, 특수 카드)
▶ **카드구성**

일반 카드_버전.1 (모둠별 55장(5종×11장))

　　　　　　　　　　　　앞면　　　　　　　　　　　　　　　　　뒷면

일반 카드_버전.2 (모둠별 55장(5종×11장))

앞면   뒷면

특수 카드 (모둠별 9장(3종×3장))

앞면   뒷면

▶ 놀이 방법

❶ 일반 카드와 특수 카드를 섞은 후 뒷면이 보이도록 하여 한 사람당 카드를 11장씩 나누어 가지고 나머지 카드는 사용하지 않는다.

❷ 각자 받은 카드는 앞면을 보지 않은 채 뒷면이 보이도록 더미를 만들어 자기 앞에 놓는다.

❸ 놀이를 시작하는 참여자는 자기 카드 더미의 맨 위 카드를 탁자 가운데에 펼쳐 놓으며 "000총류(공공공총류)"라고 외친다. 오른쪽 방향으로 다음 사람도 자기 카드를 탁자 가운데에 펼쳐 놓으며 "100철학(백철학)"이라고 외친다.

▷ 놀이는 같은 방법으로 오른쪽으로 진행하여, 외쳐야 할 단어의 순서는 〈000총류(공공공총류)-100철학(백철학)-200종교(이백종교)-300사회(삼백사회)-400과학(사백과학)〉이다.

▷ 버전2의 경우 〈500기술(오백기술)-600예술(육백예술)-700언어(칠백언어)-800문학(팔백문학)-900역사(구백역사)〉의 순서로 진행한다.

❹ 이때 외친 카드의 단어와 펼친 카드가 일치하면 재빨리 손을 탁자 가운데에 올려놓아야 하는데 가장 늦게 올린 참여자가 지금까지 펼쳐진 모든 카드를 가지고 간다.

▷ 누군가 손을 올려놓으면 안 되는 상황에서 손을 올려놓거나 움찔하게 되는 경우, 자기 차례에 외쳐야 하는 단어를 잊어버린 경우, 단어의 순서를 잘못 말한 경우, 한 박자 늦게 말했을 때도 카드를 모두 가져간다.

❺ 펼친 카드가 특수 카드(3종)일 때는 모든 참가자가 특수 카드에 맞는 동작을 한 후 손을 올린다.

[책사랑]
두 손으로 하트 만들기

[도서관]
두 손으로 삼각형 지붕 모양 만들기

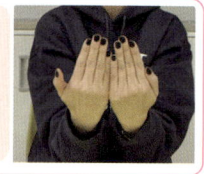
[독서]
두 손을 펴서 책 모양을 만든 후 읽는 동작하기

❻ 자신의 카드가 모두 없어진 사람이 "빙고"라고 외치면 게임을 종료하고 그 사람이 승리한다.

▶ 놀이 과정

11장씩 각자 카드를 받아 자신의 앞에 뒤집어 놓고 놀이 준비하기

다섯 개의 단어를 순서대로 외치면서 자기 카드를 테이블 가운데에 1장씩 펼치기

책으로 즐거운 두근두근 책놀이

마지막 카드를 낸 사람이
"빙고"라고 외치면 게임 종료하기

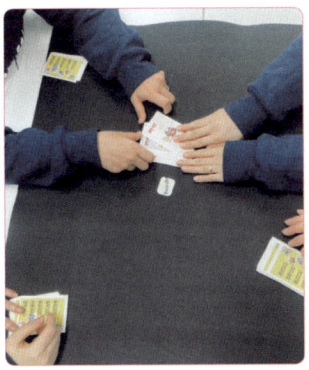
가장 늦게 손을 올린 사람이
카드를 모두 가져가기

외친 단어와 펼친 카드의 단어가
일치할 때 모두 손 올리기

▶ 즐거운 놀이를 위한 TIP

❶ 특수 카드 동작을 모둠별로 직접 만들어 진행해도 재미있어요.
❷ 카드의 뒷면에 외쳐야 할 단어의 순서가 있다는 것을 알려 주세요.
❸ 이 놀이는 리듬감을 꾸준하게 유지하며 진행해야 해요.
❹ 카드를 탁자 가운데에 펼쳐 놓을 때 모두가 동시에 볼 수 있도록 바깥쪽으로 카드를 펼쳐요.
❺ 모둠에 따라 게임 진행이 더디게 될 경우, 참여자 전원의 카드를 2~3장 정도 동시에 빼게 할 수도 있어요.
❻ 놀이의 방식이 익숙해지면 '침묵의 007빵'처럼 단어를 외치는 소리 없이 동작으로만 진행해 보세요. 또 다른 재미가 있어요.

▶ 함께 나누는 놀이 소감

이 놀이는 규칙이 간단하고 무지 카드만 있으면 다양한 주제로 간편하게 만들어 사용할 수 있다는 장점이 있다. 5개의 단어를 리듬감 있게 외치다 보면 흥겹기까지 하다. 또한 손을 올려놓으면 안 되는 상황에서 움찔하거나, 자기 차례에 외쳐야 할 단어를 잊어버리기도 하고 박자를 살짝 놓치면서 펼쳐진 카드를 모두 가져가게 되는 놀이 요소가 있어 아이들에게 긴장감과 웃음을 함께 선사한다. 한국십진분류법KDC에서 출발한 놀이여서 아이들이 도서관과 친해지는 기회가 되기도 하고 학습 효과도 좋아서 각 단원의 핵심적인 개념을 익힐 때 유용하다. 특히, '침묵의 007빵' 놀이를 응용한 '침묵 버전'은 아이들에게 인기 만점이었고 아이들은 직접 만든 창의적인 특수 카드 동작을 할 때 무척 즐거워했다. 아이들이 놀이 카드와 특수 카드까지 만들 수 있는 KDC 팜팜 응용 놀이는 다양한 교과에서 활용할 수 있는 책놀이의 만능 간장소스다.

변형 놀이 소개

😊 **책친구 짝짝짝!**
교과 수업에서 해당 단원의 핵심 내용을 카드에 적어 분류하는 게임으로 활용 가능해요.

① 소설을 읽고 인물, 사건, 배경을 모둠원과 함께 찾은 후 카드를 만들어 진행해요.
② 책 모양과 친구 모양이 인쇄된 카드는 진행자가 고정으로 주고, 인물, 사건, 배경 카드는 소설에서 찾은 내용을 토대로 참여자들이 직접 써서 만들어요.
③ 책, 친구, 인물, 사건, 배경의 다섯 가지 단어의 순서를 모두 돌아가며 순서대로 외치면서 자기 카드를 탁자 가운데에 1장씩 펼쳐요.
④ 카드 구성은 다음과 같이 할 수 있어요.

	책	친구	인물	사건	배경
일반 카드	책	친구	인물	사건(소재)	배경

	만세	짝짝짝	조커
특수 카드	만세	짝짝짝	
	두 손을 올려 만세 한 번 하기	박수를 세 번 치기	동작 없이 손바닥을 가운데 모으기

연계 가능 수업 놀이 사례

[중학교_과학] 세포분열 관련 단원을 배울 때 일반 카드로 '간기, 전기, 중기, 후기, 말기'를, 특수 카드로 'DNA', 세포질 분열, 핵막'을 제작하고 특수 카드에 맞는 동작을 창의적으로 만들어 보게 했어요. 학생들은 'DNA' 카드는 두 팔을 꼬아 이중 나선 만드는 동작, '세포질 분열'은 두 손을 주먹 모양으로 쥐어 붙였다 양쪽으로 떨어뜨리는 동작, '핵막'은 주먹을 쥐었다 펴면서 터뜨리는 동작을 만들며 즐거워했어요.

[중학교_국어] '흥부전'을 배울 때 '흥부, 놀부, 박, 주걱, 제비' 다섯 가지 단어로 일반 카드를 만들고 '톱질, 도깨비, 구렁이'로 특수 카드를 만들었어요. '톱질' 카드는 두 손을 모아 앞뒤로 왔다 갔다 하기, '도깨비' 카드는 두 손을 모아 위로 올린 후에 두 번 휘두르기, '구렁이' 카드는 두 손을 모아 앞으로 S자를 두 번 그리며 이동하기로 정했어요. 많이 알고 있는 작품이지만 놀이로 진행하니 학생들이 재미있어 했어요.

놀이에 도움을 주는 큐알 코드

[KDC팜팜]
▶ KDC팜팜_카드구성
▶ KDC팜팜_책친구짝짝짝 카드구성

#도서관 이용 교육 #한국십진분류법 놀이 #책버거 얌얌

KDC 책버거

KDC(한국십진분류법)에 대해 배운 후 대분류에 해당하는 소분류를 찾아서 책버거를 만들고 3개의 책버거를 먼저 만든 참여자가 이기는 놀이. KDC 분류에 대해 참여자들이 쉽고 재미있게 익힐 수 있는 놀이.

- ▶ **관련 역량** ☐ 공동체역량 ☐ 협력적소통역량 ☑ 지식정보처리역량
   ☑ 자기관리역량 ☐ 창의적사고역량 ☐ 심미적감성역량
- ▶ **활동 단계** ☑ 읽기 전 ☐ 읽기 중 ☐ 읽기 후
- ▶ **놀이 형태** ☐ 개별 ☑ 모둠
- ▶ **인원** 모둠별 2~4명
- ▶ **시간** 30분
- ▶ **준비물** KDC 책버거 놀이를 위한 카드 세트
- ▶ **카드 구성** 미션카드, 책버거 카드(대분류, 소분류)

미션카드 (모둠별 6장)	

앞면	뒷면

책버거 카드_대분류 (모둠별 24장)	
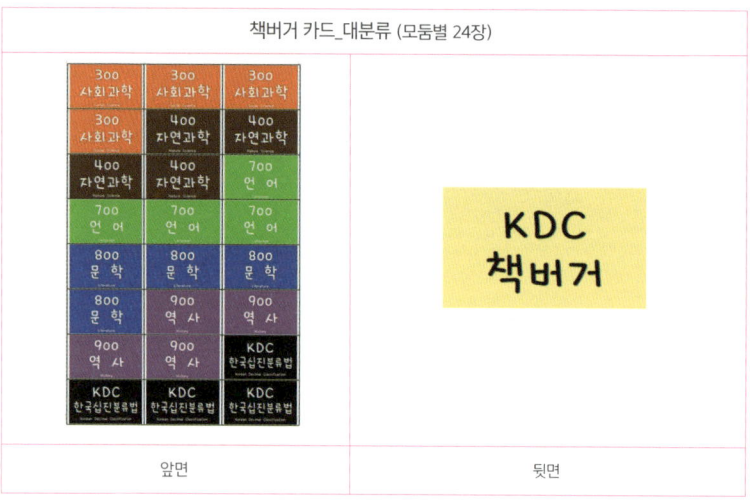	
앞면	뒷면

책버거 카드_소분류 (모둠별 30장)	
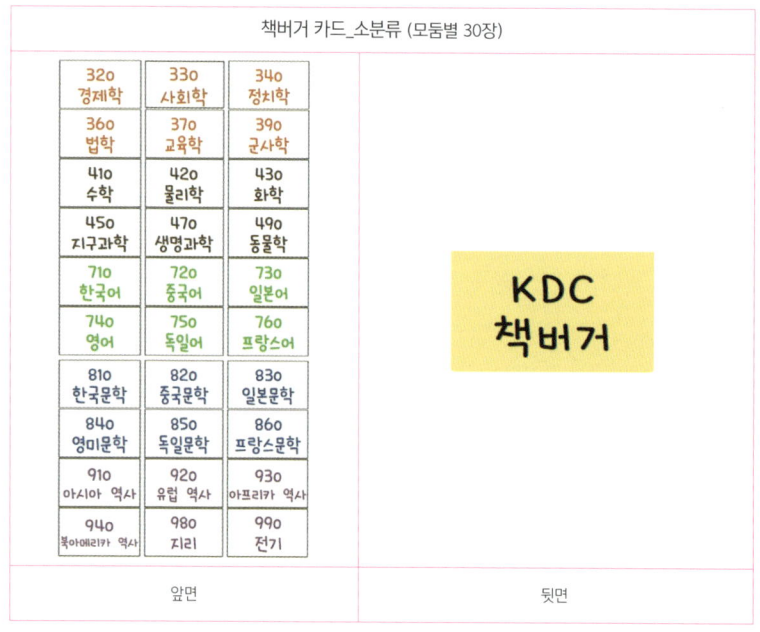	
앞면	뒷면

▶ **놀이 방법**

❶ 미션 카드를 뒷면이 보이도록 섞고 참여자마다 1장씩 가져간다.
  ▷ 참여자 본인만 카드 내용을 확인하고 다시 뒷면이 보이도록 본인 앞에 내려놓는다.
  ▷ 남은 미션 카드는 치워 둔다.
❷ 54장의 책버거 카드를 뒷면이 보이도록 섞고 5장씩 갖는다.
  ▷ 참여자들은 동시에 본인의 5장 카드 중 1장을 골라 본인 앞에 앞면이 보이도록 두고 [버린 카드 더미]를 만든다.
  ▷ [버린 카드 더미] 카드는 항상 앞면이 보이도록 둔다.
❸ 참여자들이 5장씩 가져가고 남은 책버거 카드는 책상 중앙에 뒷면이 보이도록 쌓아 [중앙 카드 더미]를 만든다.
  ▷ [중앙 카드 더미] 카드는 항상 뒷면이 보이도록 둔다.
❹ 가위바위보를 하여 진 사람부터 시작한다. 차례는 진 사람의 오른쪽으로 돌아간다.
  ▷ 책버거는 두 개의 같은 대분류 카드 사이에 대분류와 같은 색깔의 소분류 카드를 넣어서 만들 수 있다.
    • 예: 두 개의 '자연과학' 대분류 카드 사이에 '자연과학' 소분류 카드를 넣어서 책버거를 만든다.
  ▷ 책버거를 만들 때 소분류 카드에 적힌 숫자의 크고 적음의 순서 배치는 고려하지 않는다.
  ▷ 참여자의 카드 배치 및 완성된 책버거의 예시는 다음과 같다.

| 참여자의 미션 카드 및 카드 배치 예시 | 참여자 4인의 카드 배치 예시 | '자연과학' 책버거 예시 |

❺ 본인 차례가 왔을 때 책버거 카드를 교환하거나 책버거 만들기를 할 수 있다.

책버거 카드 교환	- 손에 들고 있는 카드 중 1장을 본인의 [버린 카드 더미]에 버린다. - 버린 카드가 대분류 카드라면 다른 참여자의 [버린 카드 더미] 혹은 [중앙 카드 더미]에서 2장을 가져간다. • 예: 다른 참여자의 [버린 카드 더미]에서 1장, [중앙 카드 더미]에서 1장을 가져올 수 있다. - 버린 카드가 소분류 카드라면 다른 참여자의 [버린 카드 더미] 혹은 [중앙 카드 더미]에서 1장을 가져간다.
책버거 만들기	- 손에 들고 있는 카드를 내려놓아 책버거를 만든다.

❻ 본인 차례가 끝나면 다음 순서의 참여자로 차례가 넘어간다.
❼ 놀이가 진행되는 과정에서 다음과 같은 사항을 지켜야 한다.
  ▷ 하나의 책버거는 한 가지 색으로 만든다. 단, 검정색 대분류 카드는 예외로 둘 수 있다.
  ▷ 한 번의 차례에 한 가지 색의 책버거 카드를 개수 제한 없이 놓을 수 있다.
    • 예: 한 번의 차례에 '문학' 대분류 카드 2장, '문학' 소분류 카드 3장을 동시에 놓아 한 번의 차례에 '문학' 책버거를 바로 완성할 수 있다.
    • 예: 한 번의 차례에 '문학' 대분류 카드 1장, '문학' 소분류 카드 1장을 동시에 놓아, 미완성의 '문학' 책버거 상태로 책상 위에 둘 수 있다.
    • 예: 한 번의 차례에 '문학' 대분류 카드 1장, '문학' 소분류 카드 1장, 검정색 'KDC' 대분류 카드 1장을 동시에 놓을 수는 없다. (파란색의 '문학'과 검정색의 'KDC'는 서로 다른 색이다.)

- ▷ 한 번의 차례에 소분류 카드만 놓으려면 소분류와 같은 색의 대분류 카드가 책상 위에 이미 놓여 있어야 한다.
  - 예: 한 번의 차례에 '언어' 소분류 카드만 놓으려면 본인의 이전 차례에 '언어' 대분류 카드 1장이 책상 위에 이미 놓여 있어야 한다.
- ▷ 두 개의 대분류 카드 사이에 소분류 카드를 넣어서 완성한 책버거 사이에는 본인 차례가 와도 더 이상 소분류 카드를 추가할 수 없다.
- ▷ 검정색 'KDC' 대분류 카드는 다음과 같은 기능을 가지고 있다.
  - → 모든 색의 책버거를 마무리할 수 있는 '만능 마무리' 기능을 가지고 있다.
  - → 책버거 완성을 위해 필요한 색의 대분류 카드가 없을 때, 검정색 'KDC' 대분류 카드를 사용해서 책버거를 완성할 수 있다.
    - 예: 책상 위에 '문학' 대분류 카드 1장, '문학' 소분류 카드 2장이 이미 놓여 있고 카드를 뽑아도 '문학' 대분류 카드가 없을 때, 검정색 'KDC'카드를 사용해서 '문학' 책버거를 완성할 수 있다.
  - → 단, 검정색 'KDC' 대분류 카드로 책버거를 시작할 수 없다.
    - 예: 검정색 'KDC' 대분류 카드로 책버거를 시작해서 '문학' 소분류 카드를 놓고 검정색 'KDC' 대분류 카드로 마무리할 수 없다.
- ▷ 참여자는 최대 6개 카드까지 들고 있을 수 있다.
- ▷ 놀이하는 동안 손에 들고 있는 카드가 3개 미만이 되었다면

3장이 될 때까지 본인 차례와 상관없이 다른 참여자의 [버린 카드 더미] 혹은 [중앙 카드 더미] 어디에서든 카드를 가져온다.
- 예: 놀이하는 동안 손에 들고 있는 카드가 1개가 되었다면 다른 참여자의 [버린 카드 더미]에서 1장, [중앙 카드 더미]에서 1장을 가져와서 3장으로 만들 수 있다.

▷ 참여자는 서로 다른 3개 분류의 책버거까지 만들 수 있다.

❽ 다음의 경우에 놀이가 종료된다.
▷ 서로 다른 3개 분류의 책버거를 누군가 완성하면, 그 즉시 놀이가 끝난다.
▷ 참여자가 [중앙 카드 더미]에서 마지막 카드를 가져가면, 나머지 참여자들이 한 차례씩만 하고 놀이가 끝난다.

❾ 놀이가 끝나면 참여자들의 미션 카드를 동시에 공개하고, 각자 점수를 계산한다.

❿ 높은 점수의 참여자가 이긴다.

⓫ 점수 계산법은 다음과 같다.
▷ 책버거 카드 1개의 점수는 1점이다. 단, 완성된 책버거를 이루는 카드들만 점수를 얻을 수 있다.
- 예: '언어' 대분류 카드 2장, '언어' 소분류 카드 1장으로 '언어' 책버거를 완성했다면 점수는 3점이다.
- 예: '언어' 대분류 카드 1장, '언어' 소분류 카드 1장만 있는 미완성 책버거는 점수를 얻을 수 없어 0점이다.

▷ 본인이 뽑은 미션 카드 분류와 일치하는 분류의 책버거를 완성했다면, 그 분류의 완성된 책버거는 두 배의 점수를 받는다.
- 예: 미션 카드 [역사900]을 뽑고, '역사' 대분류 카드 2장

(2점), '역사' 소분류 카드 3장(3점)으로 '역사' 책버거를 완성했다면 10점(5점×2)이다.

▷ 검정색 'KDC' 대분류 카드는 다음과 같이 계산한다.

→ '만능 마무리' 기능으로 미완성의 책버거를 완성된 책버거로 만들지만, 검정색 'KDC' 대분류 카드 1장은 0점으로 계산한다.

- 예: '문학' 대분류 카드 1장(1점), '문학' 소분류 카드 2장(2점), 검정색 'KDC' 대분류 카드 1장(0점)으로 '문학' 책버거를 완성했다면 3점이다.

→ 단, 미션 카드로 [KDC]를 뽑았다면, 검정색 'KDC' 대분류 카드 1장은 1점으로 계산할 수 있고, 검정색 'KDC' 대분류 카드로 완성한 책버거는 카드 점수를 두 배로 계산한다.

- 예: 미션 카드로 [KDC]를 뽑고 '문학' 대분류 카드 1장(1점), '문학' 소분류 카드 2장(2점), 검정색 'KDC' 대분류 카드 1장(1점)으로 '문학' 책버거를 완성했다면, '문학' 책버거는 8점(4점×2)이다.

▷ 점수 계산 예시는 다음과 같다.

미션카드 분류와 일치하는 완성된 책버거가 없을 때
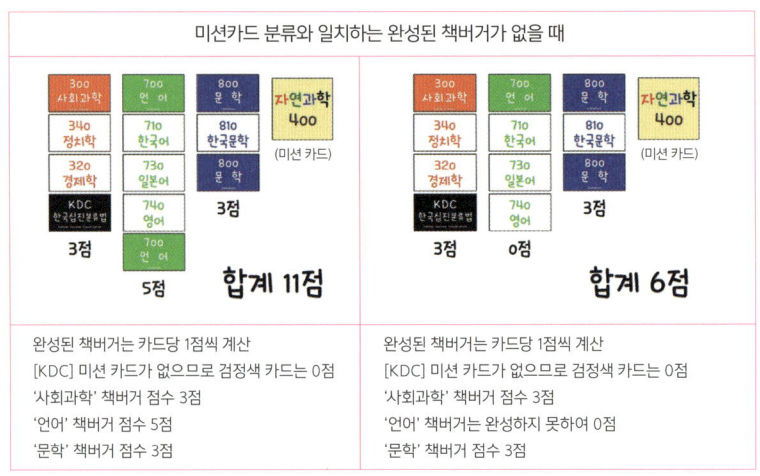
완성된 책버거는 카드당 1점씩 계산 [KDC] 미션 카드가 없으므로 검정색 카드는 0점 '사회과학' 책버거 점수 3점 '언어' 책버거 점수 5점 '문학' 책버거 점수 3점	완성된 책버거는 카드당 1점씩 계산 [KDC] 미션 카드가 없으므로 검정색 카드는 0점 '사회과학' 책버거 점수 3점 '언어' 책버거는 완성하지 못하여 0점 '문학' 책버거 점수 3점

▷ 다음과 같은 책버거는 만들 수 없다.

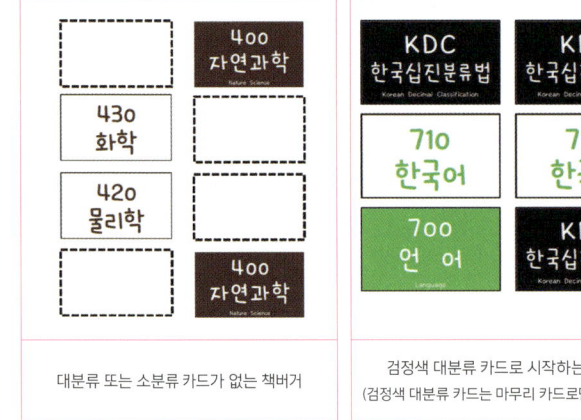

대분류 또는 소분류 카드가 없는 책버거

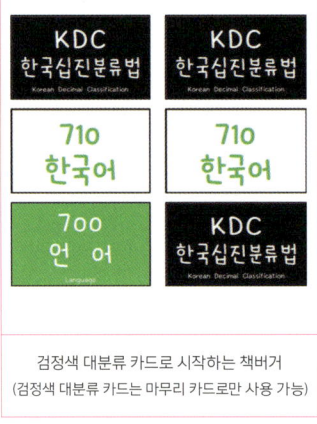

검정색 대분류 카드로 시작하는 책버거
(검정색 대분류 카드는 마무리 카드로만 사용 가능)

소분류 카드 4개 이상인 책버거
(책버거는 1개~3개의 소분류로 제작)

▶ 놀이 과정

미션 카드를 1장씩 가져가고 혼자 확인하기

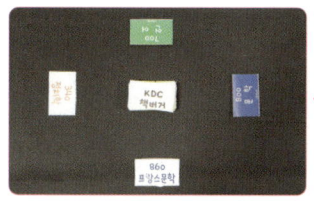
5장씩 가져가고 남은 책버거 카드로 [중앙 카드 더미]를 만들고 놀이 시작하기

책버거 카드 5장 중 1장을 앞면으로 두고 [버린 카드 더미] 만들기

책버거 카드 5장씩 가져가기

서로 다른 책버거 3개를 완성한 참여자가 나오면 놀이 종료하기

모든 참여자가 동시에 미션 카드 공개하기

점수 계산하여 우승자 가르기

▶ 즐거운 놀이를 위한 TIP

❶ 참여자 본인이 가진 미션 카드와 같은 분류의 책버거를 만들어야 높은 점수를 받을 수 있음을 강조해 주세요.

❷ 미완성 책버거라도 검정색 'KDC' 대분류 카드로 책버거를 완성시킬 수 있어요. 검정색 카드 1장의 점수는 0점이지만 검정색 카드로 책버거를 완성하면 완성한 책버거 속의 카드들 점수는 살아남을 수 있답니다.

❸ 다른 참여자들이 책버거를 순식간에 완성할 수 있어요. 소분류 3개를 다 넣으려고 욕심부리지 말고 상황을 보면서 빠르게 책버거를 완성 시킬 수 있도록 안내해 주세요.

❹ 놀이 방법을 이해하는 것이 어려운 참여자가 있을 경우, 2인이 1팀이 되어 놀이에 참여할 수 있게 해 주세요. 소외된 참여자 없이 놀이를 진행할 수 있어요.

▶ **함께 나누는 놀이 소감**

도서관 이용 교육 수업에서 한국십진분류법^{KDC}과 청구기호에 대해 알려줄 때 최대한 쉽게 알려 주려고 노력하고, 영화 속 도서관 장면을 보여 주기도 하지만 아이들은 한국십진분류법을 어렵게만 받아들인다. 책등에 붙어 있는 라벨 색으로만 책을 찾으러 다녔는데, 'KDC 책버거' 놀이를 두세 번 진행하고는 아이들이 KDC의 분류 숫자로 책을 찾는 모습을 보여 줬다! 놀이 방법을 익혀 가는 첫 번째 라운드를 마치고 두 번째 라운드에서는 아이들이 서로 높은 점수를 받기 위해 자신의 미션 카드를 생각하면서 전략적으로 카드를 교체하고 책버거를 만드는 모습을 보여 줬다. 놀이가 끝난 후 아이들이 완성한 책버거를 함께 보면서 도서관 서가에서 자신이 만든 책버거의 소분류가 어디에 있는지 살펴보면서 도서관 이용 교육 수업을 재미있게 마무리할 수 있었다.

연계 가능 수업 놀이 사례

[중학교_역사] 교과서 내용을 끝까지 배우고 나서 'KDC 책버거' 놀이를 진행했어요. 대분류 카드에는 시대를 넣고, 소분류 카드에는 시대에 맞는 역사적 인물과 사건을 넣어서 카드를 만들었어요. 고려시대 책버거, 조선시대 책버거를 만들어 가는 놀이를 하면서 즐거운 역사 시간이 될 수 있었어요.

놀이에 도움을 주는 큐알 코드

[KDC책버거]
▶ KDC책버거_카드 인쇄 파일
▶ KDC책버거_참여자 4인의 카드 배치 예시
▶ KDC책버거_점수 계산 예시

#도서관에서 뛰어보자 #책과 친해지기 #집단지성의 힘

KDC 쁘띠바크

KDC(한국십진분류법)에 따른 주제별 분류법을 익히도록 만들어 학교 도서관에 어떤 책들이 어느 위치에 있는지 몸으로 알게 하는 놀이. 진행자가 부른 초성으로 시작하는 책을 서가에서 빠르게 찾아 제목을 외워서 KDC 쁘띠바크 활동지에 적는 놀이.

- ▶ 관련 역량　☑ 공동체역량　☑ 협력적소통역량　☐ 지식정보처리역량
　　　　　　　☐ 자기관리역량　☐ 창의적사고역량　☐ 심미적감성역량
- ▶ 활동 단계　☑ 읽기 전　☐ 읽기 중　☐ 읽기 후
- ▶ 놀이 형태　☐ 개별　☑ 모둠
- ▶ 인원　모둠별 4~6명
- ▶ 시간　40분
- ▶ 준비물　활동지

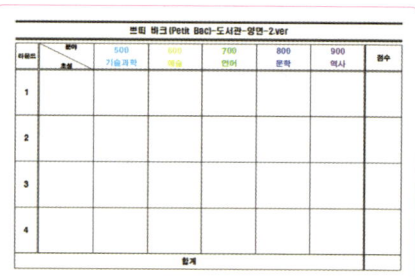

활동지_버전.1　　　　활동지_버전.2
(모둠별 1부)　　　　　(모둠별 1부)

▶ **놀이 방법**

❶ 참여자는 도서관에서 모둠별로 앉는다.
❷ 모둠별로 전략(역할 나누기)을 짠다.
- 예: [000총류]-철수, [400자연과학]-영희

❸ 서가와 가까운 위치를 출발선으로 정하고 모둠별로 줄을 서서 출발 신호를 기다린다.
❹ 진행자는 초성을 부른다.
- 예: 이번 초성은 "ㅂ(비읍)"입니다.

❺ 참여자는 해당 분야의 책 중에서 진행자가 부른 초성으로 시작하는 책의 제목을 찾아 외워 온다. 이때 책을 직접 가져와서는 안 되고 책의 제목을 외워야 한다.
❻ 외워 온 책의 제목을 활동지에 적는다.
❼ 활동지에 분야별 책 제목을 다 적은 모둠은 "도전"이라고 외친다.
❽ 한 모둠이 도전을 외치면 다른 모둠은 적는 것을 멈추고, 서가에서 책을 찾던 참여자들도 자신의 모둠으로 돌아와 자리에 앉는다.
❾ 도전을 외친 모둠이 해당 분야별로 책의 제목을 말하면, 나머지 모둠은 경청하고 점수를 적는다.
▷ 다른 모둠과 책 제목이 겹칠 때: 도전을 외친 모둠을 제외하고 같은 책을 적은 다른 모둠만 1점씩 획득한다.
▷ 다른 모둠과 책 제목이 겹치지 않을 때: 도전을 외친 모둠만 1점을 획득한다.

❿ 만약 적은 책의 제목이 해당 초성으로 시작하지 않거나, 해당 분야의 책이 아닌 경우에는 다른 모둠에 기회가 넘어간다.
▷ 분야별로 책 제목을 모두 적은 다른 모둠이 "도전"이라고 외치면 그 모둠에 기회가 넘어간다. 여러 모둠이 동시에 도전을 외칠 경우, 가위바위보 등을 통해 정한다.

▷ 새로운 모둠에 기회가 넘어가면 해당 라운드의 점수는 초기화되고 처음부터 책 제목을 다시 부른다.
⑪ 마지막 분야까지 책 제목을 부르고 나면 해당 라운드의 점수를 계산한다.
⑫ 모든 라운드의 점수를 더해서 점수가 높은 모둠이 승리한다.

▶ 놀이 과정

모둠별로 전략(역할) 짜기

서가 앞 출발선에 모둠별로 줄을 서서 대기하기

활동지에 분야별 책 제목을 다 적은 모둠은 "도전"이라고 외치기

찾은 책의 제목을 외워서 모둠 자리에 있는 활동지에 적기

진행자가 부른 초성으로 시작하는 책의 제목을 서가에서 찾기

도전을 외친 모둠이 말한 책을 다른 모둠도 적었다면, 다른 모둠만 점수 획득하기

도전을 외친 모둠이 말한 책 제목을 확인하고 싶다면 '독서로' 사이트를 이용하여 확인하기

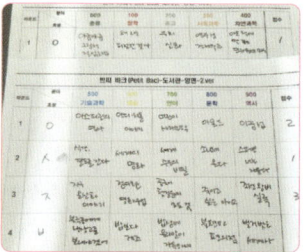

마지막 분야까지 책 제목을 부르고 나면 해당 라운드의 점수 계산하기

▶ **즐거운 놀이를 위한 TIP**

❶ 참여자들이 이동 중 서로 부딪치는 상황이 생길 수 있으므로 절대 다른 참여자를 몸으로 방해해서는 안 된다는 규칙을 미리 안내해 주세요.

❷ 진행자는 책의 제목이 해당 분야에 적합한 책이 아니라는 생각이 들 경우, 자료 검색 사이트[독서로-우리 학교 도서 검색-학교명]에 도서명을 입력하여 참여자 전체가 함께 확인하는 과정을 거치면 긴장감과 재미를 더할 수 있어요.

▶ **함께 나누는 놀이 소감**

도서관에서 많은 친구들이 도서관에 어떤 책이 있는지 자신이 찾고 싶은 책을 어떻게 찾아야 할지 모르고 있다. 그럴 때, 집단지성의 힘으로 도서관 탐방을 시작해 보자며 거창하게 이 놀이를 소개한다. 얼마나 다양한 책이 어떻게 정리되어 있을까를 놀이로 재미있게 배우며 뛰어다니다 보면 도서관은 즐거움이 가득한 공간이 된다! 서가의 분류 기호를 확인하고 외운 책 제목을 잊지 않기 위해 중얼중얼하며 뛰어다니는 학생들을 보면 학생들이 도서관에 한 발 더 가까워졌음을 느낀다. 한국십진분류표를 이해하고 우리 학교 도서관에서 읽고 싶은 책을 쉽게 찾아 읽게 되었다는 학생들의 반응이 그 증거이다.

연계 가능 수업 놀이 사례

[중학교_사회] 새로운 단원의 진도를 나갈 때 교사가 부르는 초성으로 시작하는 단어를 교과서에서 찾고 그 단어가 나와 있는 교과서 쪽수까지 적게 해요. 그러면 신기하게도 아이들은 그 단원의 핵심어를 자신들도 모르게 적더라고요. 교사는 놀이를 진행하면서 핵심어를 잘 찾아 적은 모둠을 칭찬하고 그 단어에 대한 설명을 간단히 하면서 단원의 특성을 알려 주기도 해요. 이 놀이를 하는 시간이 학기 중 아이들이 가장 교과서를 열심히 보는 시간이 아닐까 싶어요.

[고등학교_문학] 문학의 흐름을 배우고 시대별 분류를 주제어로 쁘띠바크를 진행해요. 교사가 제시하는 초성으로 시작하는 시대별 문학 작품을 빠르게 적은 모둠이 "도전"이라고 외치고 도전을 외친 모둠이 초성에 맞는 문학 작품을 말하면서 점수를 계산해요. 헷갈리기만 했던 시대별 문학 작품을 놀이로 익히면서 즐거워했어요.

놀이에 도움을 주는 큐알 코드

[KDC쁘띠바크]
▶ KDC쁘띠바크_활동지(도서관 버전)
▶ KDC쁘띠바크_활동지(문학 시대별 버전)

3부

단어 놀이터

갈래 말래 빙고 | 책연필 펜싱 | 교차로의 한 글자 | W.O.W.
키워드 식스센스 | N행시 과거시험 | 돌돌이 마인드맵

#무조건 많이 써 #선택의 갈림길 #만족과 도전 사이

갈래 말래 빙고

함께 읽은 책 속에서 진행자가 선정한 주제어와 연관된 단어들을 많이 적은 후에 진행자가 외친 단어가 있으면 점수를 얻는 놀이. 현재 단계 점수에 만족하여 멈출지 더 높은 점수를 위해 다음 단계로 도전할지 선택하는 놀이.

- ▶ **관련 역량**　　☐ 공동체역량　　☐ 협력적소통역량　　☑ 지식정보처리역량
　　　　　　　　　☑ 자기관리역량　　☐ 창의적사고역량　　☐ 심미적감성역량
- ▶ **활동 단계**　　☐ 읽기 전　　☐ 읽기 중　　☑ 읽기 후
- ▶ **놀이 형태**　　☑ 개별　　☐ 모둠
- ▶ **인원**　　10~30명
- ▶ **시간**　　10분
- ▶ **준비물**　　책(읽기 자료), 활동지

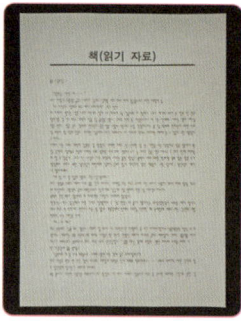

책(읽기 자료)
(개인별 1부)

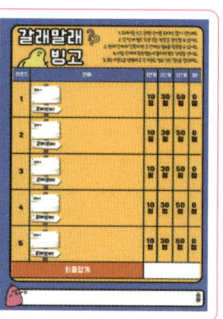

활동지
(개인별 1부)

▶ **놀이 방법**

❶ 참여자는 정해진 시간 동안 책을 읽는다.
  ▷ 책 속 등장인물, 장소, 시간, 핵심어 등 세부 정보를 표시하면서 읽도록 안내한다.
❷ 진행자가 첫 라운드 주제어를 제시하면, 참여자는 빙고 활동지의 주제어 칸에 주제어를 쓰고, 연관된 단어를 최대한 많이 적는다.
❸ 정해진 시간이 지나면 진행자는 참여자들이 필기도구를 내려놓도록 안내한다.
❹ 진행자는 주제어와 관련하여 마음속으로 정한 1단계 단어를 공개한다. 참여자들은 자신이 기록한 단어들 중 그 단어가 있으면 "빙고"라고 외치면서 자리에서 일어난다.
❺ 진행자는 1단계를 맞힌 참여자들에게 1단계 획득 점수(10점)를 안내하고, 2단계 도전 여부를 물어본다.
  ▷ 진행자는 참여자들에게 2단계에 도전했으나 실패한 경우에는 꽝이 되어, 1단계 획득 점수를 잃고 0점이 된다는 것을 안내한다.
❻ 1단계 점수에 만족하는 참여자들은 "말래"라고 외치며 자리에 앉고, 2단계로 도전하려는 참여자들은 "갈래"라고 외치고 계속 서 있는다.
❼ 2단계 도전자들이 확정되면, 진행자는 2단계 단어를 공개하고 참여자들은 동일한 방식으로 갈지 말지를 결정하고 3단계를 준비한다.
❽ 3단계 도전에 성공한 참여자는 "빙고"라고 외치며 최종적으로 3단계 점수인 50점을 획득하고, 실패한 참여자는 꽝으로 최종 0점이 된다.
❾ 다음 라운드는 진행자가 다른 주제어를 제시하고 동일한 방식으로

진행한다.

❿ 라운드별 점수를 합산하여 가장 점수가 높은 참여자가 우승한다.

▶ **놀이 과정**

참여자는 진행자가
제시한 주제어와 관련된 단어를
최대한 많이 쓰기

진행자가 1단계 단어를 공개하면
그 단어를 쓴 참여자들은 "빙고"라고
외치면서 일어나기

1단계 점수에 만족하는 참여자는
"말래"라고 외치며 자리에 앉고,
2단계에 도전할 참여자는 "갈래"라고
외치고 서 있기

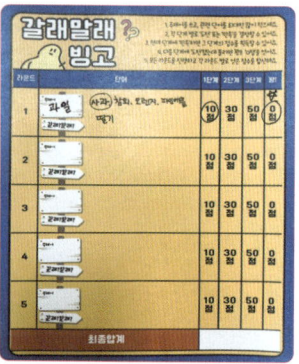

3단계 단어가 공개되면, 그 단어를 쓴
참여자는 50점을 획득하고 그 단어가
없는 참여자는 0점이 되어 라운드 종료하기

앞의 과정을 반복하여 참여자는
"갈래" 또는 "말래"라고 외치며
자리에 앉거나 서 있기

2단계 단어가 공개되면, 그 단어를 쓴
참여자는 "빙고"라고 외치며 계속
서 있고, 그 단어가 없는 참여자는
0점이 되어 자리에 앉기

▶ **즐거운 놀이를 위한 TIP**

❶ "갈래"라고 무작정 외치는 참여자들에게는 도전에 실패하면 꽝이 되어 0점을 얻게 된다는 사실을 알려 주세요.

❷ 1단계에서부터 실패한 참여자들 중 놀이에 흥미를 잃은 것처럼 보이는 참여자를 진행자로 지정하여 다음 단계의 단어를 외칠 수 있도록 해 보세요.

❸ 단계마다 단어를 맞히는 참여자들이 없으면 긴장감이 떨어질 수 있으므로, 유사 단어를 인정해 주는 방식을 적용하는 것도 좋아요.

❹ 마지막 라운드에서 각 단계의 배점을 높이면 끝까지 최고점자를 예측할 수 없어서 역전의 가능성을 열어줄 수 있어요.

❺ 다음 단계로의 도전 여부를 정할 때, 진행자가 5초 정도 시간제한을 주면 좀 더 긴장감 있고 재미있는 분위기를 만들 수 있어요.

❻ 진행자가 단어를 공개할 때, 1단계에서는 쉽거나 흔한 단어를 다음 단계로 갈수록 어렵거나 낯선 단어를 선택하여 난이도를 조절해 주세요.

▶ **함께 나누는 놀이 소감**

1단계 단어를 맞힌 아이들이 "빙고"라고 외치며 자리에서 일어나는 순간 교실 분위기가 뜨거워지기 시작한다. 다음 단계로 갈지 말지를 고민하는 아이들과 그 옆에서 장난치듯 훈수 두는 아이들은 자연스럽게 놀이의 중심이 된다. 다음 단계 단어에 대한 기대는 점점 높아지고, 도전자가 실패하게 되면 0점이 되기 때문에 도전에 대한 긴장감도 점점 높아진다. 갈래 말래 빙고 활동지만 준비하면 수업의 시작 부분에서는 수업 내용에 흥미를 강하게 유발할 수 있고, 마지막 부분에서는 아이들이 꼭 기억했으면 하는 중요한 내용 요소를 강조할 수 있는 놀이이다. 이 놀이의 가장 큰 매력은 아이들이 스스로 도전 여부를 결정하며 진행된다는 것이다.

변형 놀이 소개

☺ **'읽기 후'가 아니라 '읽기 전' 놀이로 변형한 갈래말래**

책 읽기를 시작하기 전에 소재, 배경, 장소, 등장인물 등에 대한 배경지식을 떠올리도록 하기 위하여 책과 관련된 주제어를 선정하여 놀이를 할 수 있어요. 예를 들어, 업사이클링을 다룬 글을 읽기 전에 업사이클링을 주제어로 정하여 놀이를 하면 아이들이 책 읽기에 흥미를 갖고 집중할 수 있을 뿐만 아니라, 책 내용과 관련하여 아이들의 배경지식을 활성화하여 책 내용을 더 오래 기억할 수 있어요.

연계 가능 수업 놀이 사례

[고등학교_영어] 서로 상반된 특성을 가진 등장인물 두 명을 설명하는 명사와 형용사를 아이들이 사용할 수 있도록 하기 위해서, 각 인물을 주제어로 선택하고 오늘 배운 영어 지문에서 생각나는 영어 단어를 쓰도록 놀이를 진행했어요. 1단계 단어로는 쉬운 단어를 선택하고 단계가 높아지면서 점점 단어 수준을 높이면, 어려운 단어를 맞힌 아이들의 성취감을 높일 수도 있어요.

[고등학교_윤리와 사상] 국가의 기원과 정당성을 다루는 단원에서 사회계약론, 공화주의 등을 주제어로 제시하고 아이들이 학습지를 보고 관련된 내용을 쓰게 했어요. 아이들은 놀이에서 이기기 위해 오늘 수업 시간에 배운 내용을 최대한 많이 쓰고 기억하려고 애썼어요. 짧은 시간 동안 강렬하고 활동적으로 놀 수 있어서 아이들이 무척 좋아했어요.

[고등학교_동아리 활동] 도서관에서 대출 반납과 서가 정리 봉사활동을 하는 도서부 아이들이 책 제목에 친숙해지도록 하기 위해서 이 놀이를 시도해 봤어요. 도서관 서가 번호(예: 600예술, 700언어)를 주제어로 선택하고, 아이들에게 그 서가에 있는 책 제목을 20개씩 적도록 했어요. 아이들이 책 제목을 골라 적는 과정에서 서가 번호별 공통점과 책의 위치를 기억하게 되는 효과가 있었어요.

놀이에 도움을 주는 큐알 코드

[갈래 말래 빙고]
▶ 갈래 말래 빙고_활동지

#순발력 #긴장감 #누구 손이 더 빠를까

책연필 펜싱

각자 색연필을 하나씩 들고 대결 상대와 마주 앉은 상태에서 진행자의 설명에 해당하는 단어를 찾아 먼저 동그라미를 치는 놀이. 책을 읽고 나서 꼭 알아야 할 개념이나 사건을 정리할 때 즐거운 긴장감 속에서 순발력을 발휘해야 하는 놀이.

▶ 관련 역량　☐ 공동체역량　☐ 협력적소통역량　☑ 지식정보처리역량
　　　　　　　☑ 자기관리역량　☐ 창의적사고역량　☐ 심미적감성역량
▶ 활동 단계　☐ 읽기 전　☐ 읽기 중　☑ 읽기 후
▶ 놀이 형태　☐ 개별　☑ 모둠
▶ 인원　모둠별 2~4명
▶ 시간　20분
▶ 준비물　책(읽기 자료), 색연필, 책연필 펜싱판

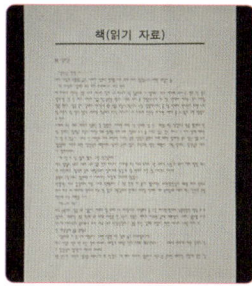
책(읽기 자료)
(개인별 1부)

색연필
(개인별 1개)

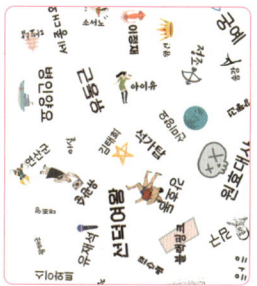
책연필 펜싱판
(대결 묶음별 1부)

▶ **놀이 방법**

❶ 참여자는 정해진 시간 동안 책을 읽는다. 이때, 책 속에서 새롭게 등장하는 개념이나 사건 등 중요 내용에 주의를 기울이며 읽도록 한다.

❷ 정해진 시간이 지나면 진행자는 참여자들이 다른 모둠과 1:1로 대결할 상대를 정해 준다.

❸ 1:1로 대결하는 두 사람에게 서로 다른 색의 색연필을 나눠 주고, 책연필 펜싱판을 한 장씩 나눠 준다.

❹ 진행자가 설명하는 단어를 책연필 펜싱판에서 찾아 먼저 동그라미를 친 참여자가 1점을 획득한다.

❺ 다른 단어에 동그라미를 친 참여자는 -1점으로 표시한다.

❻ 정답 단어에 두 사람이 동시에 동그라미를 치면 둘 다 1점씩 획득한다.

❼ 놀이가 끝나면 참여자는 자신의 점수를 계산하고 자신의 모둠으로 돌아가 점수를 합산한다.

❽ 가장 높은 점수를 획득한 모둠이 우승한다.

▶ **놀이 과정**

대결할 책연필 펜싱판과
각자 다른 색깔의 색연필 준비하기

진행자가 설명하는 단어를 책연필 펜싱판에서
빠르게 찾아 먼저 동그라미 치기

정답 단어에 동그라미 치면 1점,
다른 단어에 동그라미 치면 -1점 표시하기

▶ **즐거운 놀이를 위한 TIP**

❶ 서로 마주 보고 놀이를 진행하기 때문에 책연필 펜싱판을 만들 때에는 단어들을 다양한 방향으로 편집하여 특정한 자리에 앉은 참여자만 유리하지 않도록 해야 공정하게 놀이를 진행할 수 있어요.

❷ 책연필 펜싱판을 만들 때, 정답과 유사하여 혼란을 일으킬 수 있는 단어를 추가해도 재미있어요.

❸ 전체 참여 인원이 홀수라면 마지막은 3명이 대결할 수 있도록 안내해 주세요.

❹ 2인이 한 팀이 되어 2:2로 놀이를 진행해도 좋아요.

❺ 모둠별로 점수 합산을 하지 않고 개인별로 할 수도 있어요. 학생들이 다른 모둠에서 자신의 대결 상대를 고르지 않고, 앉은 자리에서 1:1 대결 상대를 정하여 진행할 수도 있어요.

❻ 진행자가 읽어 주는 내용을 끝까지 잘 듣고 난 후에 정답에 동그라미를 칠 수 있도록 해야 전체적인 분위기가 산만해지지 않아요.

❼ 책 읽기 전 단계에서 책에 나오는 어려운 단어나 꼭 알아야 할 용어 등을 정리하여 미리 숙지할 수 있도록 변형하여 놀이를 진행할 수 있어요.

❽ 모둠별로 책에 나오는 개념이나 사건을 정리해서 직접 학습지를 만들어 보도록 하고, 책연필 펜싱판도 직접 꾸밀 수 있게 해도 좋아요. 모둠별로 만든 학습지와 책연필 펜싱판을 다른 모둠과 바꾸어 놀이를 진행할 수 있어요. 이때, 모둠별 학습지 내용을 토대로 참여자들이 가장 중요하게 여기는 내용을 파악할 수도 있고, 빠진 부분이 있다면 추가하여 설명해 줄 수 있어요.

▶ **함께 나누는 놀이 소감**

수업 시간에 고3 학생들에게 놀이를 하게 만든다? 생각보다 쉽지 않다. 고3 학생들을 움직이게 하려면 엄청나게 매력적인 놀이여야만 한다. 그런데 그 어려운 걸 해낸 놀이가 바로 '책연필 펜싱'이다. 생활과 윤리 과목에서 가장 어려워서 킬러라고도 불리는 환경과 윤리 단원 수업을 마친 뒤 책연필 펜싱판을 꺼냈다. 저건 뭐 하는 것인가 싶은 얼굴을 하고 있는 학생들을 보며 과연 이 놀이가 아이들에게 통할까 싶었다. 그러나 이게 웬일! 대흥분의 도가니에 빠진 고3 학생들은 책연필 펜싱판이 찢어질 것처럼 동그라미를 쳤고, 심지어 대결 상대의 손등에 동그라미를 치는 아이까지 등장했다. 놀이로 단원 마무리를 하니 머리에 쏙쏙 들어온단다. 그 어렵다는, 자던 고3도 깨어나게 하는 걸 바로 '책연필 펜싱'이 해냈다.

연계 가능 수업 놀이 사례

[고등학교_중국어] 한글을 처음 배울 때 자음과 모음을 배우듯이 중국어에도 비슷한 성모와 운모의 개념이 있어요. 성모와 운모를 배우고 난 후에는 항상 '책연필 펜싱' 놀이를 활용해요. 알파벳으로 이루어진 성모와 운모의 발음을 적절히 섞어서 교사가 불러주는 발음에 먼저 동그라미를 치는데, 쉬운 발음은 종이가 찢어지게 동그라미를 치는 아이들도 있고, 어려운 발음은 엉뚱한 곳에 동그라미를 치는 아이도 있었어요. 나중에는 본인에게 가까이 있는 발음을 불러 달라고 애원하는 아이도 있었답니다. 조금 지루할 수 있는 발음 단원에 활용하기 좋은 유용한 놀이라고 생각해요.

[고등학교_확률과 통계] 원순열, 중복순열, 중복조합, 이항분포 등 다양하면서도 비슷한 용어가 반복해서 등장하고 비슷하게 생긴 기호가 너무 많아서 헷갈리는 순열과 조합 단원 수업을 마치고 '책연필 펜싱' 놀이를 진행했어요. 아주 미세하게 차이가 나는 용어들이라 다른 곳에 동그라미를 치는 경우가 많았는데도 너무 즐겁게 놀이가 진행되었어요. 놀이가 끝난 후에는 자신의 오개념을 바로잡겠다며 아이들이 자발적으로 교과서를 펼치는 진기한 풍경이 벌어졌답니다.

놀이에 도움을 주는 큐알 코드

[책연필 펜싱]
▶ 책연필 펜싱판 예시

#공통의 한 글자 #어휘력 쑥쑥 #국어사전 속으로 풍덩

교차로의 한 글자

같은 책을 읽고 모둠별로 단어를 선정해 '교차로의 한 글자' 형태로 문제를 만든 후, 교차로의 한가운데에 공통으로 들어갈 글자를 추측하는 놀이. 출제 과정에서 국어사전을 찾아보게 되고 자연스럽게 어휘력을 키울 수 있는 놀이.

▶ **관련 역량**   ☑ 공동체역량   ☑ 협력적소통역량   ☑ 지식정보처리역량
             ☐ 자기관리역량   ☑ 창의적사고역량   ☐ 심미적감성역량

▶ **활동 단계**   ☐ 읽기 전   ☐ 읽기 중   ☑ 읽기 후

▶ **놀이 형태**   ☐ 개별   ☑ 모둠

▶ **인원**   모둠별 4~6명

▶ **시간**   40분

▶ **준비물**   책(읽기 자료), 표준국어대사전, 놀이 방법 PPT,
              모둠별 출제용 활동지

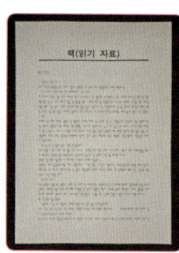

책(읽기 자료)
(개인별 1부)

표준국어대사전
(모둠별 1세트)

놀이 방법 PPT (진행용 1개)

모둠별 출제용 활동지 (모둠별 1부)

▶ **놀이 방법**

❶ 참여자는 읽기 자료를 정독하고, 진행자는 돌아다니며 참여자들이 집중해서 책을 읽을 수 있도록 분위기를 조성한다.

❷ 읽기가 끝나면 진행자는 놀이 방법 PPT를 활용하여 '교차로의 한 글자'에 대해 설명한다.

❸ 모둠별로 '교차로의 한 글자' 문제를 출제하기 위해 읽기 자료에서 2글자로 된 단어 하나를 선정한다.

❹ 참여자들은 표준국어대사전을 참고하여 모둠별 출제용 활동지에 문제를 낸다.

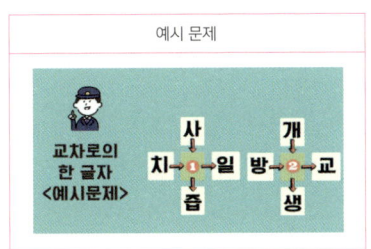

❺ 모둠별로 출제가 끝나면 진행자는 문제를 수합하여 앞쪽에서 모둠이 출제한 문제를 보여 준다. 이때, 사진을 미리 찍어서 TV나 빔프로젝터 화면을 통해 보여 줄 수도 있다.

❻ 문제가 공개되면 모둠별로 협의하고, 협의가 끝난 모둠은 "정답"이라고 외친다.

▷ 정답이면 100점을 획득한다.

▷ 오답이면 다른 모둠에 기회가 돌아간다.

▷ 모든 모둠이 못 맞히면 출제한 모둠이 힌트를 주고, 힌트를 받아 정답을 맞히면 50점을 획득한다.

❼ 놀이가 끝나면 모둠별로 합산하여 점수가 가장 높은 모둠이 우승한다.

▶ 놀이 과정

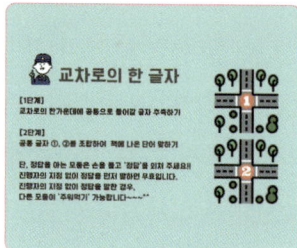
PPT를 활용해 교차로의 한 글자 놀이 방법 안내하기

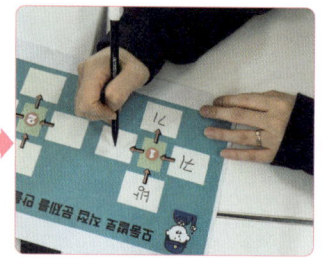
읽기 자료에서 단어 1개를 선정하여 교차로의 한 글자 형태로 문제 만들기

출제한 문제를 모아 진행자가 문제를 공개하면 모둠별로 협의하여 정답 맞히기

▶ 즐거운 놀이를 위한 TIP

❶ 표준국어대사전 대신 모둠별로 인터넷이 가능한 태블릿을 제공하여 국어사전을 활용하도록 하면 출제 시간을 줄일 수 있어요. 또한 다양한 어휘를 활용한 정확하고도 수준 높은 문제를 만들 수 있어요.

❷ 놀이를 진행할 때는 문제 공개 후 3분 동안만 문제를 맞힐 수 있게 제한 시간을 주는 것이 좋아요. 또한 3분 이후에는 힌트를 주고 2분의 시간을 추가하는 방식으로 진행하면 문제의 난이도 차이 때문에 생기는 어려움을 어느 정도 해결할 수 있어요. 이때, 힌트는 문제의 단어를 포괄하는 상위어 또는 연관 단어로 주는 것이 좋아요.

❸ 놀이 방법에 익숙해지면 2글자로 된 단어 외에도 3글자, 4글자로 출제할 단어의 글자 수를 늘리거나 글자 수에 제한을 두지 않고 문제를 만들게 할 수 있어요. 이렇게 하면 더 많은 단어를 참여자들이 접할 수 있어서 놀이의 난이도가 높아지고 더 재미있어 해요.

▶ **함께 나누는 놀이 소감**

문해력이 문제인 시대라고 한다. 문해력 향상을 위해서는 어휘력이 뒷받침되어야 하는데 어휘력을 높이는 것마저도 쉽지 않은 형편이다. 그러던 어느 날 한 줄기 빛처럼 어휘력 향상의 희망이 비치는 순간을 경험했다. 수업 진도만 나가기도 애매하고, 아이들이 너무 재미없어하는 단원을 앞두고 있어 기분 전환이 필요했다. 그래서 TV에서 우연히 본 적이 있는 단어 퀴즈를 살짝 변형하여 '교차로의 한 글자' 형태로 PPT를 만들었다. 그런데 반응이 놀라웠다! 문제를 맞히고 싶어 하는 열망이 그 어느 퀴즈 형태보다 뜨거웠으며 공부에 전혀 관심이 없던 아이도 놀이에 열중했다. 더 놀라운 것은 "선생님, 제가 문제를 하나 내 보면 안 될까요? 저도 문제 내 보고 싶어요!"라며 아이들이 앞다퉈 직접 출제 제안까지 했다는 점이다. 게다가 문제를 출제하던 아이들이 다급하게 다가와 "선생님, 국어사전을 찾아보고 싶어요! 국어사전 어딨어요?"라며 간절한 눈빛으로 국어사전과의 만남을 주선해 달라고 요청하는 것이었다. 국어사전을 찾아보고 싶다고 말하는 아이를 직접 볼 수 있게 해 준 첫 번째 놀이! 그 사실만으로도 '교차로의 한 글자'는 기적이다! 이 기적의 경험을 놓칠세라 수업 시간에는 교과서를, 독서동아리 시간에는 책을 읽고 하는 놀이로 만들어서 바로 적용했다. 아이들은 책을 읽어야 한다는 거부감도 없이 책 속으로, 교과서 속으로 빠져들었다. 이 또한 기적이다!

변형 놀이 소개

😊 '읽기 후'가 아니라 '읽기 전' 놀이로 변형한 '교차로의 한 글자'

함께 읽으려는 책의 주제와 관련된 단어를 선정하고 그 단어를 교차로의 한 글자 형태로 퀴즈를 내면 책을 이해하는 데 효과적이에요. 미리 단어를 선정하고 그 단어에 맞는 문제를 만들어 PPT를 제작해야 하는 번거로움은 있지만, 이후에 진행할 활동에 아이들이 더 많은 흥미를 보이기 때문에 보람을 느낄 수 있어요.

연계 가능 수업 놀이 사례

[고등학교_국어] 고전 소설이나 비문학처럼 사용된 단어가 낯설거나 어려운 단원을 수업하기 전에 활용하기 좋아요. 아이들은 해당 본문의 단어를 선정하고 '교차로의 한 글자' 형태로 문제를 출제하는 활동을 하면서 스스로 단어의 뜻을 정확히 알기 위해 국어사전을 찾아보더라고요. 그리고 어렵거나 중요한 단어를 찾기 위해 교과서를 여러 번 꼼꼼히 살펴보는 모습도 볼 수 있었어요.

[고등학교_윤리와 사상] 윤리와 사상은 사실 철학자의 이름도 어렵고, 사용되는 어휘들도 어렵고 생소한 것들이 많은데, '교차로의 한 글자'를 통해 학습에 필요한 단어들과 친해질 수 있다는 점에서 좋은 놀이라고 느꼈어요. 특히 조선 성리학 단원은 어려운 개념이 많이 사용되어 학생들이 힘들어하는데 '교차로의 한 글자로 놀았더니 사단, 칠정, 이기 등 어려운 개념들과 쉽게 친해지는 것을 볼 수 있었어요.

놀이에 도움을 주는 큐알 코드

[교차로의 한 글자]
▶ 교차로의 한 글자_놀이 방법 PPT
▶ 교차로의 한 글자_문제 출제 활동지

#와우! #이심전심 #너를 위한 단어

W.O.W. | Want One Word

책 속 중요한 단어를 뽑아 카드 한 장에 3개의 단어를 적어 문제 카드를 작성한 뒤, 술래가 문제 카드를 보지 않은 채로 3개의 단어 중 하나를 선택하여 다른 참여자들의 힌트로 그 단어를 맞히는 놀이.

- ▶ 관련 역량
  - ☑ 공동체역량 ☑ 협력적소통역량 ☑ 지식정보처리역량
  - ☐ 자기관리역량 ☑ 창의적사고역량 ☐ 심미적감성역량
- ▶ 활동 단계   ☐ 읽기 전   ☐ 읽기 중   ☑ 읽기 후
- ▶ 놀이 형태   ☐ 개별   ☑ 모둠
- ▶ 인원   모둠별 3~7명
- ▶ 시간   40분
- ▶ 준비물   책(읽기 자료), 카드 꽂이, 명함 크기의 무지 카드, 포스트잇

책(읽기 자료)
(개인별 1부)

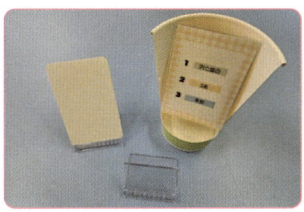
카드 꽂이
(모둠별 1개)

명함 크기의 무지 카드
(모둠별 13장)

포스트잇
(개인별 10장 내외)

▶ **놀이 방법**

❶ 모둠별로 정해진 시간 동안 읽기 자료를 정독한다.
  ▷ 진행자는 참여자가 읽기 자료 속 사건과 주제를 나타내는 핵심 단어들을 파악할 수 있도록 안내한다.

❷ 참여자는 읽기 자료에서 문제로 출제하고 싶은 단어를 골라 문제 카드를 작성하여 모둠별로 총 13장의 문제 카드를 만든다.
  ▷ 1장의 카드에 1~3번까지 3개의 단어를 작성한다.
  ▷ 문제는 반드시 단어로만 작성하며, 모둠원이 같은 단어를 중복해서 쓰지 않도록 함께 상의하며 문제를 출제한다.

❸ 출제한 카드를 옆 모둠과 교환하고, 교환한 카드는 뒷면이 위로 가도록 더미를 만들어 가운데에 둔다.

❹ 가위바위보에서 진 사람이 술래가 되어 놀이를 시작하고, 오른쪽으로 술래의 순서가 돌아간다. 술래는 중앙 카드 더미에서 본인에게는 보이지 않으면서 다른 참여자들은 문제 카드 앞면을 볼 수 있도록 카드를 뽑아 카드 꽂이에 꽂는다.

❺ 술래는 1~3번 중 하나의 번호를 외치고, 다른 참여자들은 각자 포스트잇에 술래가 외친 번호의 단어를 설명하는 힌트를 작성한다.
  ▷ 힌트는 반드시 하나의 단어로만 작성하며, 작성할 때 서로 보거나 상의하지 않는다.
  ▷ 사용할 수 없는 힌트의 예는 다음과 같다.

사용할 수 없는 힌트	예
문제 단어를 포함한 경우	정답이 '김'인 경우 '김밥'
문제 단어 일부를 ○○으로 가리는 경우	정답이 '국어책'인 경우 '○○책'
문제 단어 일부를 바꿔 적은 경우	정답이 '초콜릿'인 경우 '초컬릿'
문제 단어와 발음이 비슷한 단어로 적은 경우	정답이 '빛'인 경우 '빗'
문제 단어를 외국어로 바꿔 적은 경우	정답이 '케이크'인 경우 'Cake'

❻ 술래는 눈을 감고, 다른 참여자들은 서로의 힌트를 확인하여 겹치는 힌트는 모두 지우거나 덮어 둔다.
❼ 술래는 제시된 힌트를 확인 후 답을 말한다.
　▷ 정답일 경우 : 정답을 맞힌 참여자가 카드를 가져가고 각 카드당 1점으로 계산하기
　▷ 오답일 경우 : 중앙 카드 더미 옆에 카드의 앞면이 보이게 두기
❽ 중앙 카드 더미의 모든 카드를 사용하면 놀이가 끝나고, 자신이 가져간 카드 개수를 확인한 뒤 합산하여 모둠별 점수를 계산한다.

▶ 놀이 과정

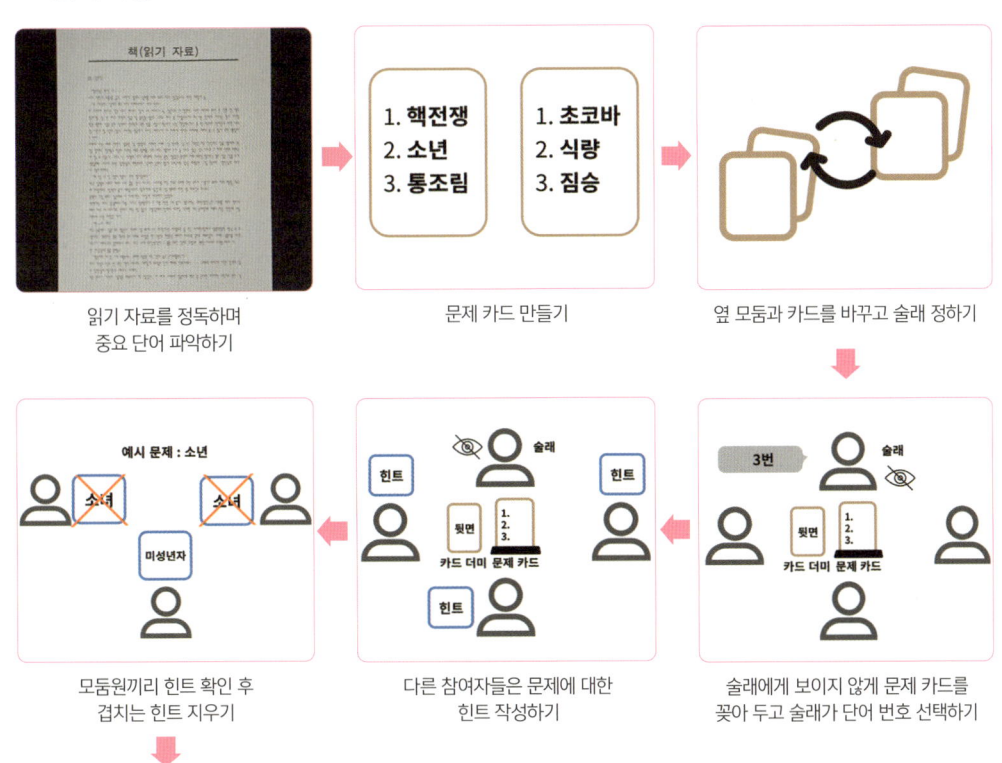

| 술래에게 힌트 보여 주기 | 술래가 답을 말하기 | 문제 카드 더미가 없어질 때까지 놀이를 진행한 후 모둠별 점수 계산하기 |

▶ 즐거운 놀이를 위한 TIP

❶ 카드 꽂이가 없을 경우, 종이컵을 잘라서 활용할 수도 있어요.

❷ 문제를 출제하기 전 마인드맵 활동 또는 모르는 단어 찾아보기 활동을 먼저 진행하면 도움이 돼요. 참여자들이 책 속 중요 단어를 파악하고 연관된 단어를 떠올릴 수 있는 기회가 된답니다.

❸ 힌트를 작성할 때 다른 참여자들이 어떤 힌트를 줄지 생각하며 작성하도록 해 주세요. 모두 같은 힌트를 작성한다면 술래에게 아무런 힌트를 주지 못할 수 있어요.

❹ 문제 단어의 뜻을 모르는 모둠원이 있을 경우, 술래가 다른 번호를 선택하여 모둠원 모두가 아는 단어를 선정하도록 해 주세요.

❺ 3명이 게임을 진행할 경우, 술래를 제외한 참여자 2명은 힌트를 2개씩 적어 총 4개의 힌트를 비교할 수 있도록 해 주세요.

❻ 참여자들이 정답을 맞히는 것보다 단어의 의미를 파악하고 연관된 단어를 생각하는 것에 집중하게끔 도와주세요.

▶ 함께 나누는 놀이 소감

선생님, 무슨 내용인지도 모르겠고 뭐가 중요한 건지 모르겠어요! 책을 읽으면 항상 학생들이 하는 이야기다. 문제의 원인은 단어! 모두가 이해했다고 생각했지만 막상 학생들과 이야기해 보면 단어가

글 속에서 어떻게 쓰였는지 이해하지 못하는 친구들이 많다. 그럴 때 'W.O.W.'를 진행하면 책 속에서 어떤 중요한 단어가 있고 연관되는 단어가 무엇인지 즐겁게 알아볼 수 있다. 놀이를 한 번만 하려고 했음에도 아이들이 먼저 "한 번 더"를 외치는 놀이! 열화와 같은 요청에 다른 책을 읽고 한 번 더 진행하기도 하고, 책 속 단어뿐만 아니라 모둠별로 스스로 주제를 정하고 해당 주제에 맞는 단어를 문제로 만드는 친구들까지 있었다. 서로의 아이디어에 즐거워함과 동시에 문제를 맞힐 때마다 이게 어떤 단어였지? 어디서 나왔었지? 라며 생각하고 책을 다시 찾아보는 친구들도 많아 스스로 복습하는 기회까지 일석이조이다.

변형 놀이 소개

☺ 선생님이 문제 카드 만들기

기존 'W.O.W.'는 학생들이 문제를 내지만, 꼭 알아야 할 개념이나 단어가 있다면 선생님이 미리 문제 카드를 만들어서 진행할 수 있어요. 문제 카드를 전부 다 채우거나, 칸 일부만 채우고 나머지를 학생들이 채울 수 있도록 진행해도 좋아요. 대신 놀이 진행 후 읽기 자료 속에서 문제 카드의 단어를 찾아보고 해당 단어가 왜 중요한지, 어떤 의미인지 직접 확인하는 시간을 가지면 좋아요.

☺ 문제 카드에 별표 붙이기

놀이의 재미를 더하기 위해 참여자가 문제를 만들 때 문제 카드 몇 개에 별표 스티커를 추가할 수 있어요. 별표를 붙인 문제 카드를 맞힐 경우, 점수는 두 배! 별표는 참여자들이 함께 논의 후 원하는 카드에 붙이거나, 문제 카드 중 가장 중요하다고 생각하는 단어가 적혀 있는 카드에 붙일 수 있어요. 별표가 붙어 있는 문제를 진행할 땐, 참여자도 좀 더 신중하게 힌트를 내고 술래도 포기하지 않고 문제를 맞히려는 모습을 보여요.

연계 가능 수업 놀이 사례

[중학교_역사] 역대 왕 업적 및 관련 키워드, 각 나라 중앙기구나 지방 행정 구역 등 이해하고 외워야 할 단어가 많은 역사 시간에 중심 개념과 연관된 단어를 파악하고 힌트로 작성해 보는 과정을 통해 많은 단어를 효과적으로 학습할 수 있었어요.

[고등학교_지구과학] 우주 단원의 수업 후 해당 단원에서 알아야 할 과학 용어들을 복습하는 시간을 가지고 'W.O.W.'를 진행했어요. 정답을 맞히기 위해 서로 협동하고, 술래가 오답을 말하면 무척 아쉬워하며 힌트와 정답이 어떤 관계가 있는지 서로 설명하며 즐겁게 공부하는 시간이 되었어요.

놀이에 도움을 주는 큐알 코드

[W.O.W.]
▶ W.O.W._카드 제작 틀
▶ W.O.W_카드 앞면, 뒷면

#돋보기와 물음표 #전략적 사고 #너의 감을 믿어 봐!

키워드 식스센스

참여자들이 같은 책을 읽은 후 모둠별 토의를 거쳐서 중심 단어 13개를 선정해 카드를 만들고, 모둠에서 진행하는 카드놀이를 통해 카드 6장의 숫자 합이 가장 적은 사람이 우승하는 놀이.

▶ **관련 역량** ☐ 공동체역량 ☐ 협력적소통역량 ☑ 지식정보처리역량
　　　　　　　 ☑ 자기관리역량 ☐ 창의적사고역량 ☐ 심미적감성역량
▶ **활동 단계** ☐ 읽기 전 ☐ 읽기 중 ☑ 읽기 후
▶ **놀이 형태** ☐ 개별 ☑ 모둠
▶ **인원** 모둠별 2~5명
▶ **시간** 40분
▶ **준비물** 책(읽기 자료), 명함 크기의 무지 카드, 활동지

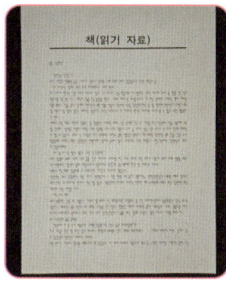
책(읽기 자료)
(개인별 1부)

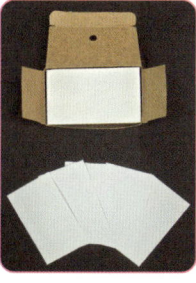
명함 크기의 무지 카드
(모둠별 50장)

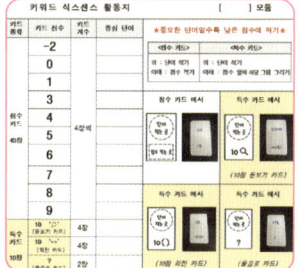
활동지
(모둠별 1부)

▶ **카드 구성**

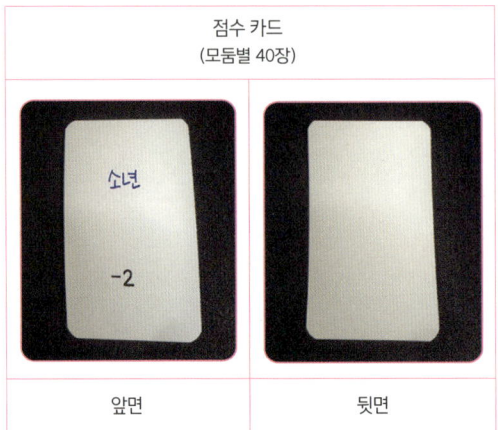

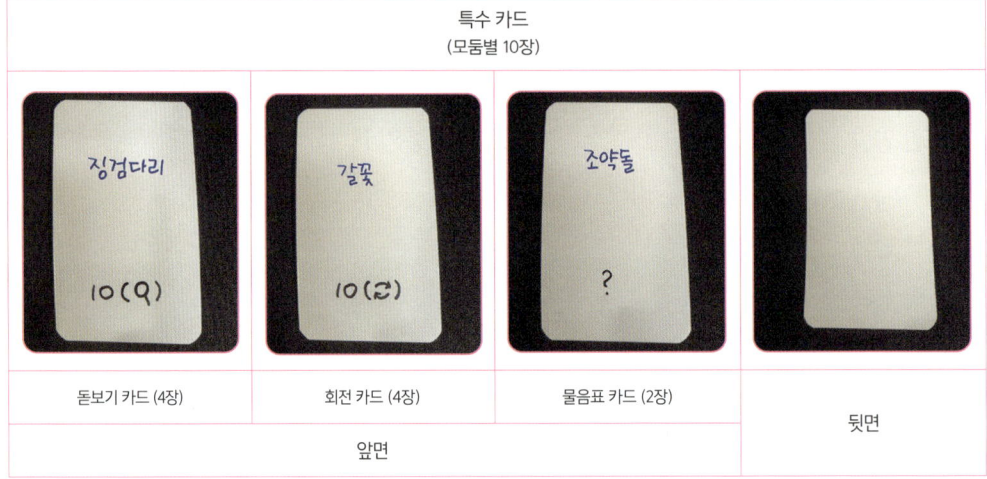

▶ 활동지

카드 종류	카드 점수	카드 개수	중심 단어	★중요한 단어일수록 낮은 점수에 적기★		
점수 카드 40장	-2	4장씩		<점수 카드>		<특수 카드>
	0			위 : 단어 적기		위 : 단어 적기
	1			아래 : 점수 적기		아래 : 점수 옆에 해당 그림 그리기
	3			점수 카드 예시		특수 카드 예시
	4					
	5					
	6					
	7					(10점 돋보기 카드)
	8			특수 카드 예시		특수 카드 예시
	9					
특수 카드 10장	10 '🔍' (돋보기 카드)	4장				
	10 '↔' (회전 카드)	4장				
	? (물음표 카드)	2장		(10점 회전 카드)		(물음표 카드)

▶ 놀이 방법

❶ 읽기 자료를 정독한다.

❷ 모둠별 토의를 거쳐 활동지에 중심 단어 13개를 적는다.
  ▷ 중요한 단어일수록 낮은 점수에 적는다.
  ▷ 활동지에 적힌 카드 개수만큼 무지 카드에 단어를 적어 50장의 카드를 만든다.

❸ 완성한 50장의 카드를 뒷면으로 섞고 참여자마다 6장씩 가져간다.

❹ 남은 카드는 책상 중앙에 뒷면으로 쌓아 [중앙 카드 더미]를 만든다.
  ▷ [중앙 카드 더미] 카드는 항상 뒷면으로 둔다.

❺ [중앙 카드 더미] 위에 있는 1장을 앞면으로 뒤집어서 [중앙 카드 더미] 오른쪽에 두고 [버린 카드 더미]를 만든다.
  ▷ [버린 카드 더미] 카드는 항상 앞면으로 둔다.
❻ 참여자들은 가져온 6장의 카드를 본인 앞에 뒷면으로 3장씩 2줄로 배치한다.
❼ 본인의 6장 카드 중 1장을 골라 동시에 앞면으로 공개한다.
  ▷ 만약 뒤집은 카드가 특수 카드라면, 효과는 발동되지 않는다.
  ▷ 참여자마다 각자 원하는 카드를 뒤집는다.
❽ 가위바위보를 해서 진 사람부터 시작한다. 차례는 진 사람의 오른쪽으로 돌아간다.
  ▷ 카드 점수의 합계가 낮은 참여자가 우승하므로 참여자들은 점수 계산에 유리한 카드를 가져와야 한다.
❾ 본인 차례가 왔을 때 다음과 같은 행동을 할 수 있다.
  ▷ [중앙 카드 더미] 또는 [버린 카드 더미]의 맨 위에 있는 카드 1장을 가져온다.
  ▷ [중앙 카드 더미]에서 카드를 가져왔을 때
   → 카드를 확인하고 마음에 들지 않으면 [버린 카드 더미]에 버린다.
   → 카드를 확인하고 마음에 들면 본인의 6장 카드 중 1장과 바꾼다. 이때 앞면의 카드이거나 뒷면의 카드이거나 상관없다. 본인이 원래 갖고 있던 카드는 [버린 카드 더미]에 버린다.
  ▷ [버린 카드 더미]에서 카드를 가져왔을 때
   → 본인의 6장 카드 중 1장과 바꾼다. 이때 앞면의 카드이거나 뒷면의 카드이거나 상관없다. 본인이 원래 갖고 있던 카드는 [버린 카드 더미]에 버린다.

→ [버린 카드 더미]에서 카드를 집었다면 꼭 가져와야 한다. 집었다 다시 내려놓을 수 없다.
- ⑩ 본인 차례에 가지고 온 카드가 특수 카드일 때, 다음과 같이 행동한다.
  - ▷ 돋보기 카드 '○'의 기능은 다음과 같다.
  - → 뒷면으로 놓인 카드 1장의 점수를 확인할 수 있다.
  - → [중앙 카드 더미]에서 돋보기 카드를 뽑았을 때, 본인의 6장 카드 중 1장과 바꾸거나 바꾸지 않고 [버린 카드 더미]에 버릴 수도 있다.
  - → 본인의 카드 1장과 바꾸어 내려놓았다면, 나머지 5장의 카드 중 뒷면으로 놓인 카드 1장의 점수를 혼자 확인하고 다시 뒷면으로 내려놓는다.
  - → 점수를 확인하는 행동은 해당 카드당 딱 한 번뿐이다. 확인했던 카드의 숫자를 잊었더라도 중간에 다시 확인할 수 없다.
  - ▷ 회전 카드 '↔'의 기능은 다음과 같다.
  - → 모든 참여자의 카드 1장이 앞면이 보이는 상태에서 왼쪽으로 전달된다.
  - → [중앙 카드 더미]에서 회전 카드를 뽑았을 때, 본인의 6장 카드 중 1장과 반드시 바꿔야 한다.
  - → 참여자 1이 회전 카드를 뽑았을 때, 참여자 1은 본인의 6장 카드 중 1장과 반드시 바꾸고 앞면으로 놓는다.
  - → 회전 카드 때문에 자리를 뺏긴 참여자 1의 카드는 왼쪽에 앉은 참여자 2에게 앞면으로 전달된다.
  - → 참여자 1의 카드를 받은 참여자 2는 참여자 1의 '회전 카드 자리와 같은 위치'에 참여자 1의 카드를 앞면으로 놓는다.

→ 참여자 1의 카드 때문에 자리를 뺏긴 참여자 2의 카드는 왼쪽에 앉은 참여자 3에게 앞면으로 전달된다.

→ 참여자 2의 카드를 받은 참여자 3은 참여자 1의 '회전 카드 자리와 같은 위치'에 참여자 2의 카드를 앞면으로 놓는다.

→ 참여자 2의 카드 때문에 자리를 뺏긴 참여자 3의 카드는 왼쪽에 앉은 참여자 4에게 앞면으로 전달된다.

→ 참여자 3의 카드를 받은 참여자 4는 참여자 1의 '회전 카드 자리와 같은 위치'에 참여자 3의 카드를 앞면으로 놓는다.

→ 참여자 3의 카드 때문에 자리를 뺏긴 참여자 4의 카드는 [버린 카드 더미] 가장 아래에 둔다.

→ 회전 카드의 기능은 큐알 코드를 참고하면 더 쉽게 이해할 수 있다.

▷ 물음표 카드 '?'의 기능은 다음과 같다.

→ 놀이가 끝나고 점수를 계산할 때, 옆에 놓인 카드 1장의 점수를 복사한다.

→ [중앙 카드 더미]에서 물음표 카드를 뽑았을 때, 본인의 6장 카드 중 1장과 바꾸거나 바꾸지 않고 [버린 카드 더미]에 버릴 수도 있다.

→ 물음표 카드 양옆에 카드가 있다면 참여자가 두 개 카드 중 유리한 점수의 카드를 선택해 복사할 수 있다.

⓫ 본인 차례가 끝나면 다음 순서의 참여자로 차례가 넘어간다.

⓬ 놀이가 끝나기 전에 [중앙 카드 더미]의 카드가 다 떨어지고 [버린 카드 더미]의 카드만 남았다면, [버린 카드 더미]의 맨 위에 있는 카드 1장만 앞면으로 남긴 후 다시 [버린 카드 더미]를 만들고, 그 1장을 제외한 나머지 카드를 뒷면으로 섞어 새로운

[중앙 카드 더미]를 만든다.

⑬ 다음의 경우에 놀이를 종료하고 점수를 계산한다.
   ▷ 누군가의 카드 6장이 모두 앞면이 되었을 때, 그 즉시 놀이가 끝난다.
   ▷ 모든 참여자의 카드를 동시에 앞면으로 모두 뒤집어 점수를 계산한다.
   ▷ 6장의 카드 점수 합계가 가장 적은 사람이 이긴다.

⑭ 점수 계산법은 다음과 같다.
   ▷ 카드에 적힌 점수를 모두 더한다.
   ▷ 점수 카드, 특수 카드 구분 없이 위와 아래에 같은 점수의 카드가 놓여 있다면 0점으로 계산한다.
   ▷ 점수 계산 예시는 '즐거운 놀이를 위한 TIP'에서 확인할 수 있다.

⑮ 우승한 참여자의 6개 카드에 적힌 단어 중 3개 이상을 활용해서 읽기 자료의 내용을 함축적으로 정리한 문장을 만들고, 각자 돌아가면서 발표한다.

▶ **놀이 과정**

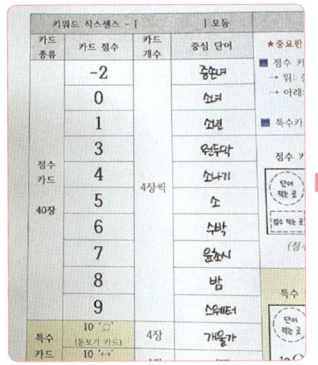
활동지 작성하면서
중심 단어 13개 선정하기

카드 50장 만들기

앞면이 보이지 않게
뒷면으로 6장씩 가져가기

| 3장씩 2줄로 배치하기 | [중앙 카드 더미] 위에 있는 1장을 앞면으로 뒤집고 [버린 카드 더미] 만들기 | 책상 중앙에 [중앙 카드 더미] 만들기 |

| 모든 참여자가 동시에 각자 원하는 위치의 카드 1장을 앞면으로 공개하기 | 누군가의 카드 6장이 모두 앞면이 되었다면 놀이를 종료하고, 다른 참여자의 카드도 앞으로 뒤집고 점수 계산하기 | 우승자의 카드에 적힌 단어 중에서 최소 3개 활용해서 각자 읽기 자료의 내용을 함축한 문장 만들기 |

▶ **즐거운 놀이를 위한 TIP**

❶ 진행자가 미리 점수가 적힌 50장의 카드를 만들어 놓으면 참여자들이 쉽게 단어만 적을 수 있어서 놀이 준비 시간을 단축할 수 있어요.

❷ 얇은 카드를 사용해서 놀이를 진행하면 글자가 비쳐 보일 수 있어요. 어느 정도 두께감이 있는 무지 카드를 추천해요.

❸ 승자의 카드 6장에 적힌 단어를 활용해서 한 문장 요약하기는 꼭 한 문장이 아니어도 괜찮아요. 놀이가 끝난 후 읽기 자료의

내용을 다시 한번 생각해 보는 데 의미가 있는 활동이니까요.

❹ 점수 계산 예시는 다음과 같다.

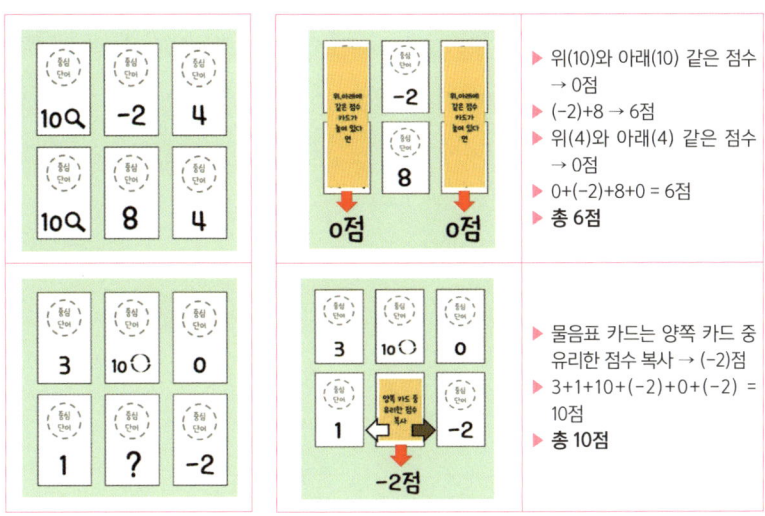

▶ **함께 나누는 놀이 소감**

각자 조용히 책을 읽은 후 아이들에게 "보드게임 하자!"라고 하면 분위기가 조금 달아오른다. 명함 크기의 무지 카드와 함께 활동지를 나눠 주며 "13개 중요한 단어를 찾아볼까?"라고 하면 다시 또 분위기가 살짝 가라앉고, "괜찮아, 이거 재밌는 놀이야!" 하면서 천천히 아이들에게 놀이에 대한 기대감을 심어 준다. 카드 만드는 방법을 알려 주면서 놀이 방법을 설명해 주면 금세 소란스러워지고 신나 한다. '키워드 식스센스'는 카드 점수의 합이 가장 적은 사람이 이기는 놀이라서 처음 이 놀이를 진행할 때는 다들 낮은 점수 카드만 나오기를 기다린다. 하지만 회전 카드와 물음표 카드의 기능, 위·아래 같은 점수가 만나면 0점이 되는 점수 계산법 등을 잘 활용하면 최종 점수의 합을 작게 만들 수 있다. 이런 규칙을 전략적으로 잘 활용하는 방법을 터득하게 되면서 아이들은 점점 놀이의 매력에 빠져들고, 승부욕을 보이며 집중하는 모습을 보인다. 우승자의 카드 6장에 적힌 단어들을 활용하여 짧은 문장 만들기는 이 놀이의 또 다른 장점이다. 이런 마무리 활동을 통해 아이들은 책의 내용을 다시 정리하고, 더 오래 기억할 수 있게 된다.

연계 가능 수업 놀이 사례

[고등학교_생명과학] 유전 단원을 배우고 '키워드 식스센스' 놀이를 했어요. 염색체, 유전자, DNA, 세포 등 수업 시간에 배운 여러 가지 중심 단어를 가지고 활동지를 작성했고, 점수 카드와 특수 카드를 만들었어요. 교과서 속 단어를 활용해서 책놀이를 해 보니 수업 시간 분위기도 살아나고 아이들도 즐거운 과학 시간을 보낼 수 있었어요.

놀이에 도움을 주는 큐알 코드

[키워드 식스센스]
▶ 키워드 식스센스_활동지
▶ 키워드 식스센스_회전 카드 설명 자료
▶ 키워드 식스센스_참여자 4인의 카드 배치 예시

#삼행시 #장원급제 #시인이 되어 볼까

N행시 과거시험

핵심어를 활용하여 N행시를 짓고 장원을 뽑는 놀이. 책을 읽고 나서 각자 핵심어를 활용하여 포스트잇에 N행시를 짓고 가장 많은 선택을 받은 작품을 뽑아 발표하는 놀이.

- ▶ 관련 역량 ☐ 공동체역량 ☐ 협력적소통역량 ☑ 지식정보처리역량
  ☐ 자기관리역량 ☑ 창의적사고역량 ☐ 심미적감성역량
- ▶ 활동 단계 ☐ 읽기 전 ☐ 읽기 중 ☑ 읽기 후
- ▶ 놀이 형태 ☑ 개별 ☐ 모둠
- ▶ 인원 10~30명
- ▶ 시간 10분
- ▶ 준비물 책(읽기 자료), 포스트잇, 작은 스티커

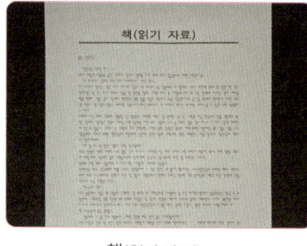
책(읽기 자료)
(개인별 1부)

포스트잇
(개인별 1장)

작은 스티커
(개인별 3개)

▶ 놀이 방법

❶ 참여자는 책을 읽고 난 후 중요한 핵심어를 활용하여 2행시, 3행시, 4행시 등 N행시를 만든다.
　▷ N행시에 핵심어의 관련 내용을 포함해서 만들도록 한다.
❷ 참여자는 자신이 포스트잇에 작성한 N행시를 칠판에 게시한다.
❸ 참여자들에게 작은 스티커 3개씩 주고, 자신의 작품을 제외한 나머지 작품 중에서 마음에 드는 작품에 하나씩 붙이도록 한다.
❹ 가장 많은 표를 받은 참여자의 작품을 장원으로 선정한다.

▶ 놀이 과정

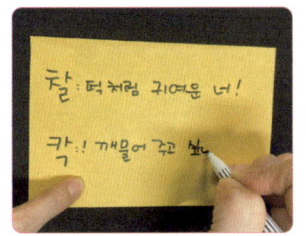
포스트잇에 자신의 N행시 쓰기

칠판에 참여자들의 N행시를 게시하고 마음에 드는 작품에 스티커 붙이기

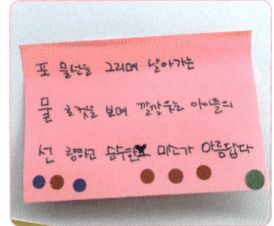
가장 많은 스티커를 받은 작품을 장원으로 선정하기

▶ 즐거운 놀이를 위한 TIP

❶ N행시의 예시를 보여 주면 학생들이 더 쉽게 접근할 수 있어요.
　• 예: [크] 크리스마스에는
　　　[리] 리본과 장식을 달고
　　　[스] 스티커도 붙이고
　　　[마] 마지막으로 별을 하나 올리면
　　　[스] 스페셜한 트리 완성
❷ 작품 선정을 위한 스티커 개수는 상황에 따라 조절할 수 있어요.
❸ 몇 표 차이로 장원이 되지 못한 학생들은 아차상으로 뽑아 보

고, 기발한 아이디어가 돋보이는 N행시를 뽑아 발표하는 것도 좋아요.

❹ 포스트잇은 155×105mm 정도의 크기를 사용하면 보기에 더 좋지만, 작은 포스트잇으로 놀이를 진행해도 상관없어요.

▶ **함께 나누는 놀이 소감**

삼행시라 하더라도 시를 짓는다는 것은 그 글감을 깊이 생각해 보고, 의미를 되새길 줄 알아야 할 수 있는 것 같다. 시와는 거리가 먼 학생들에게 'N행시 과거시험'이라는 놀이는 낯설어 보였다. 그래도 재미로 삼행시를 지어 본 경험이 있기 때문에 그리 어렵지 않게 자신만의 N행시를 완성해 갔다. 작품을 게시하고 보니, 역시 아이들은 생각이 열려 있다는 게 느껴졌다. 핵심어의 정의를 정확히 파악한 작품도 있고, 핵심어를 빌어 자신의 마음을 표현한 작품도 있고, 쿡쿡 웃음이 나오는 작품도 있었다. 부끄러워하는 친구들도 있었지만 칠판에 작품을 게시하고 나니 제법 진지하게 다른 이들의 작품을 감상했다. 정말 과거시험의 장원을 뽑는 것처럼 작품 선정에 신중하게 임하는 모습이 사뭇 사랑스러웠다. 이 단어에 대해 이렇게 진지하고 오랫동안 생각해 본 건 처음이라는 어떤 학생의 말이 이 놀이의 장점을 말해 주는 것 같았다.

연계 가능 수업 놀이 사례

[고등학교_기하] 수학 시간에는 다양한 용어의 정의를 알아야 해요. 특히 기하 과목은 다양하고 낯선 용어들이 많이 등장한답니다. 그래서 학기 말에 그동안 배웠던 기하 용어를 활용한 N행시 과거시험 대회를 열었어요. 타원, 벡터, 정사영 등 어려운 용어들이 많이 등장했었는데 이 용어들을 활용해 N행시를 지어 보고 이 용어의 뜻에 대해 진지하게 생각해 보는 시간을 가질 수 있었어요.

놀이에 도움을 주는 큐알 코드

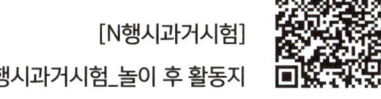

[N행시과거시험]
▶ N행시과거시험_놀이 후 활동지

#돌려 돌려 #떠오르는 대로 써 봐 #확장된 생각을 이어

돌돌이 마인드맵

책을 읽은 후 아이디어를 모으거나 흩어졌던 생각들을 하나로 정리할 때 활용하기 좋은 놀이. 주제와 관련해 연상되는 단어를 돌려가며 쓰고, 그중 원하는 단어들을 선택해 하나의 문장을 만드는 놀이.

▶ **관련 역량** ☑ 공동체역량 ☑ 협력적소통역량 ☑ 지식정보처리역량
　　　　　　　☐ 자기관리역량 ☑ 창의적사고역량 ☐ 심미적감성역량

▶ **활동 단계** ☐ 읽기 전 ☐ 읽기 중 ☑ 읽기 후

▶ **놀이 형태** ☐ 개별 ☑ 모둠

▶ **인원** 모둠별 4~6명

▶ **시간** 25분

▶ **준비물** 책(읽기 자료), 돌돌이 마인드맵 판

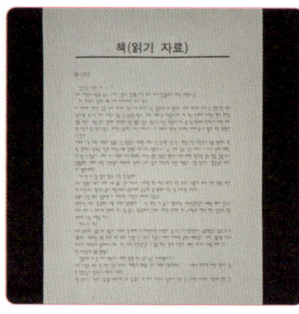
책(읽기 자료)
(개인별 1부)

돌돌이 마인드맵 판
(모둠별 1부)

▶ **놀이 방법**

① 모둠별로 앉아 읽기 자료를 정독한다.
② 정해진 시간이 지나면 진행자는 모둠별로 돌돌이 마인드맵 판을 배부한다.
③ 참여자는 돌돌이 마인드맵 판 중앙에 진행자가 제시한 주제어를 적는다.
④ 참여자들은 주제어 바깥에 선을 하나 긋고 각각 자신의 이름을 적는다.
⑤ 참여자 이름 아래에 다시 선을 긋고 주제어를 보고 떠오르는 단어를 적는다.
⑥ 참여자의 왼쪽에 앉은 친구의 이름이 자신의 앞에 오도록 종이를 오른쪽 방향으로 살짝 돌린다.
⑦ 옆자리 친구가 쓴 바로 앞 단어를 보고 선을 그은 후 떠오르는 것을 적는다.
⑧ 더 이상 쓸 공간이 없어질 때까지 ⑥ ~ ⑦ 활동을 반복한다.
⑨ 돌돌이 마인드맵이 완성되면 참여자 자신의 이름이 앞에 오도록 종이를 놓는다.
⑩ 돌돌이 마인드맵에 제시된 단어들을 참여자의 이름을 중심으로 선을 그어 적절하게 영역을 구분한다.
⑪ 참여자는 자신의 영역 안에 있는 단어 중에서 마음에 드는 3개의 단어를 골라 동그라미로 표시한다.
⑫ 참여자는 자신이 선택한 3개의 단어를 활용하여 책의 내용을 담을 수 있는 하나의 문장을 완성한다.
⑬ 모둠 내에서 완성한 문장을 서로 공유하고 문장 작성 이유를 나눈다.

▶ **놀이 과정**

모둠별로 읽기 자료 정독하기

돌돌이 마인드맵에 진행자가 제시한 주제어 적기

주제어 바깥에 선을 긋고 참여자 자신의 이름을 적기

참여자 이름 아래 선을 그은 후 주제어를 보고 떠오르는 단어 적기

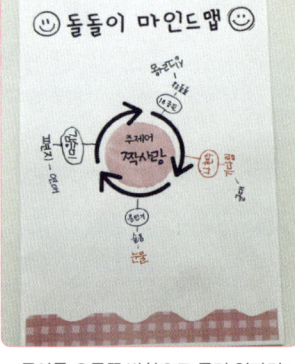

종이를 오른쪽 방향으로 돌려 옆자리 친구가 쓴 바로 앞 단어를 보고 떠오르는 단어 적기

더 이상 쓸 공간이 없을 때까지 활동 반복하기

돌돌이 마인드맵에 선을 그어 각자의 영역을 구분한 후, 마음에 드는 3개의 단어를 골라 동그라미로 표시하기

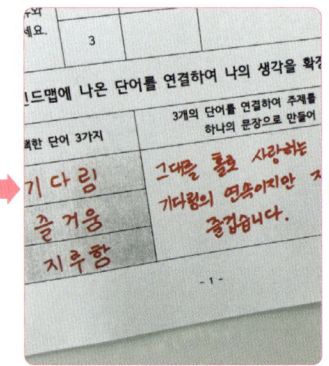

자신이 선택한 단어로 책의 내용을 담은 한 문장 완성하기

모둠 내에서 완성한 문장을 공유하고 문장 작성 이유 나누기

▶ 즐거운 놀이를
위한 TIP

❶ 참여자들이 돌돌이 마인드맵 판을 돌려가며 떠오르는 단어를 써야하기 때문에 돌돌이 마인드맵 판 크기는 클수록 좋아요.

❷ 앞 친구가 쓴 단어와 동일한 단어를 쓰면 안 된다는 것을 알려 주세요.

❸ 책에 나온 단어들을 적는 것도 좋지만 그 외에 단어들을 적는 것도 가능함을 알려 주세요. 돌돌이 마인드맵은 정답을 찾는 것이 목적이 아니라, 책과 관련된 다양한 생각을 확장하는 것이 목적이에요. 사소하거나 관련이 없다고 생각되는 아이디어도 최종 문장을 완성할 때는 도움이 된다는 것을 참여자들에게 꼭 안내해 주세요.

❹ 모둠별로 대표 문장을 선정하고 이를 발표하여 전체 참여자들과 함께 문장을 공유하도록 하는 것도 좋아요.

▶ 함께 나누는
놀이 소감

책을 읽고 나서 아이들에게 어땠는지 물어보면 돌아오는 대답은 한결같다. "재미있었어요.", "좋았어요." 대체 뭐가 재미있었고, 뭐가 그렇게 좋았던 거냐고 물어도 신통한 대답을 듣기는 어렵다. 어떻게 하면 아이들이 책을 읽고 나서 생각을 확장하고 유의미한 소통을 할 수 있을까 고민하던 차, '돌돌이 마인드맵'을 아이들과 함께하게 되었다. 초·중·고를 거치며 마인드맵 한번 안 해 본 아이들이 어디 있으랴. '돌돌이 마인드맵'의 시작에 마구 초를 치는 소리가 들려왔다. "아, 마인드맵이요? 그거 별로 재미없는데.", "마인드맵? 어제 ○○ 시간에도 했어요." '돌돌이 마인드맵'의 매력을 모르는 소리! 기존의 마인드맵과는 달리 마인드맵을 돌리는 코페르니쿠스적 전환에 아이들은 적잖이 충격을 받았고, 다른 친구의 아이디어와 연결되는 단어를 생각하느라 고심했다. 그 고심하는 과정에서 아이들의 머릿속은 분주해졌다. '돌돌이 마인드맵'의 백미는 3개의 단어를 연결해서 책과 관련된 문장을 완성하는 것에 있었다. 아이들은 자신이 고른 3개의 단어로 책과 책을 읽은 내 마음에 담긴 것이 무엇인지 열심히 고민했고 다른 친구들보다 멋진 문장을 만들려고 눈빛이 반짝였다. 얘들아, 어때? 좀 다르지? 특별하지? 아이들과 나누는 책 이야기가 풍성해지는 순간이었다.

변형 놀이 소개

😊 질문을 만드는 '돌돌이 마인드맵'

'돌돌이 마인드맵'은 원래 책의 내용이나 책을 읽은 소감 등에 대한 아이디어를 확장하고 연결해서 문장을 완성하는 놀이에요. 그런데 마지막 단계에서 문장을 완성할 때, 질문의 형태로 완성하여 이 질문을 활용하면 책수다, 토론 등 깊이 있는 이야기를 나눌 수 있어요.

연계 가능 수업 놀이 사례

[고등학교_생활과 윤리] 고등학교 3학년 생활과 윤리 시간에 다문화 정책에 대한 수업을 진행했어요. 수업을 넘어 학생들이 다문화 정책에 대한 다양한 아이디어를 제시하고 공유하면 좋겠다는 생각이 들어서 '돌돌이 마인드맵'을 진행했어요. 활동 후에 다양한 아이디어를 공유할 수 있었고, 특히 다문화 학생들의 입장에서 필요한 정책에 대해 생각을 나눌 수 있어서 좋았어요.

[고등학교_학급활동] 학교 축제를 학생들이 주도적으로 기획하면 좋겠다는 취지로 학교에서 학생 대상으로 축제 아이디어를 공모했어요. 축제에 관련된 주제로 '돌돌이 마인드맵'을 학급별-모둠별로 진행하면 좋겠다는 생각이 들어서 모든 학급을 대상으로 운영했는데, 학생들의 창의적이고 유의미한 아이디어를 수합할 수 있어서 학교 축제 기획 과정에 큰 도움이 되었어요.

놀이에 도움을 주는 큐알 코드

[돌돌이 마인드맵]
▶ 돌돌이 마인드맵_판
▶ 돌돌이 마인드맵_놀이 후 활동지

4부

이야기 놀이터

이야기 명탐정 | 이야기 차차차 | 신호등 띠빙고
책그그 | 산타북로스 | 인상 쓰기 좋은 날

#함정 잡는 명탐정 #매의 눈 #기억이 가물가물

이야기 명탐정

책의 내용을 대충 읽는 게 아니라 꼼꼼하게 책을 읽을 수 있게 돕는 최적의 놀이. 함정 단어가 없는 읽기 자료를 정독한 후, 함정 단어가 제시된 읽기 자료를 보고 정해진 시간 안에 함정 단어를 많이 찾은 참여자가 승리하는 놀이.

- ▶ 관련 역량   ☐ 공동체역량   ☐ 협력적소통역량   ☑ 지식정보처리역량
                ☑ 자기관리역량   ☐ 창의적사고역량   ☐ 심미적감성역량
- ▶ 활동 단계   ☐ 읽기 전   ☑ 읽기 중   ☐ 읽기 후
- ▶ 놀이 형태   ☑ 개별   ☐ 모둠
- ▶ 인원   10~30명
- ▶ 시간   40분
- ▶ 준비물   원본 읽기 자료, 함정 단어가 들어간 읽기 자료

원본 읽기 자료
(개인별 1부)

함정 단어가 들어간 읽기 자료
(개인별 1부)

▶ **놀이 방법**

① 진행자가 참여자에게 함정 단어가 없는 읽기 자료를 주고 정해진 시간 안에 정독하도록 안내한다.
② 정해진 시간이 지나면 진행자는 참여자들에게 나누어 주었던 읽기 자료를 걷는다.
③ 진행자는 다시 참여자에게 함정 단어가 제시된 변형된 읽기 자료를 주고 정해진 시간 안에 처음 제시된 읽기 자료와 비교하여 함정 단어를 찾도록 안내한다.
④ 제한된 시간이 끝나면 진행자는 참여자들이 "정답"이라고 외치고 자신이 찾은 함정 단어를 말하도록 한다.
⑤ 진행자는 함정 단어가 적혀 있지 않은 처음 제시된 읽기 자료를 기준으로 참여자가 말한 함정 단어의 정답 여부를 판별해 준다.
⑥ 참여자는 자신이 바르게 찾은 함정 단어 부분에 색깔 펜으로 동그라미를 한다.
⑦ 가장 많은 개수의 함정 단어를 찾아낸 참여자가 우승한다.

▶ **놀이 과정**

진행자가 참여자들에게 함정 단어가 없는 읽기 자료 배부하기

참여자는 정해진 시간 안에 읽기 자료 정독하기

처음 배부했던 읽기 자료를 걷고 참여자들에게 다시 함정 단어가 적힌 새로운 읽기 자료 배부하기

| 함정 단어를 가장 많이 찾은 참여자가 우승하기 | 참여자가 발견한 함정 단어를 말하면 진행자가 정답 여부를 판별하여 알려주기 | 참여자는 정해진 시간 안에 처음 읽기 자료와 비교하여 함정 단어 표시하기 |

▶ **즐거운 놀이를 위한 TIP**

❶ 개인 놀이와 모둠 놀이가 모두 가능해요. 읽기 자료가 짧은 경우는 개인 놀이로 진행하고, 소설처럼 읽기 자료가 긴 경우에는 2~4명씩 모둠을 이루어 모둠 놀이를 진행해도 좋아요.

❷ 참여자들이 어렵고 낯설어하는 용어가 많이 적힌 비문학 자료를 읽기 자료로 활용할 수 있어요.

❸ 참여자가 함정 단어 찾기를 어려워하면 정답의 개수를 말해 주는 것도 좋아요.

▶ **함께 나누는 놀이 소감**

어려운 내용의 읽기 자료가 등장했는데, 5교시 수업이라면 꽤 난감하다. 이럴 때 '이야기 명탐정'을 쓱 준비한다. 나른하고 긴장감이 떨어지는 수업 분위기라면 개인 놀이보다는 모둠 놀이가 더 적합할 수 있다. 모둠을 짜서 읽기 자료를 돋보기를 낀 마음으로 함께 살펴 보고 함정 단어가 적힌 새로운 읽기 자료를 모둠끼리 다시 읽으면서 함정 단어에 동그라미를 치다 보면 어느새 교실 안은 팽팽한 긴장감이 감돈다. 긴 읽기 자료도 함정 단어를 찾는 부분을 모둠원끼리 나누어 살피는 전략을 짜 가며 몰입과 재미로 정면 돌파해 버린다. 그저 재미나게 놀이 한 판 했을 뿐인데 머릿속에 내용이 정리되고 공부를 열심히 한 것 같은 기분마저 느끼게 되는 놀라운 일이 생기는 것이다. 눈에 보이지 않는 읽기 중 활동이 '이야기 명탐정'을 만나 구체화 되는 것이 매우 흥미롭게 느껴진다.

연계 가능 수업 놀이 사례

[중학교_국어] 비문학 단원 중 과학 지문, 경제 지문, 철학 지문, 예술 지문에 특히 효과가 높았어요. 평소 사용하지 않던 전문 분야 용어들이 들어간 읽기 자료를 꼼꼼하게 읽을 수 있다는 장점이 있었어요.

[중학교_학급 활동] 교과서 읽기 자료뿐 아니라 학생들에게 당부하고 싶었던 내용도 '이야기 명탐정'의 읽기 자료로 활용 가능해요. 예를 들어 시험 시 유의 사항 안내, 방학을 맞이하는 학생들에게 건네는 선생님의 당부 사항, 체험학습 또는 수학여행 일정 및 강조 사항 등에 적용할 수 있어요. 조회와 종례 시간을 활용하여 학생들에게 강조하고 싶은 내용을 재미있게 전달할 수 있었어요.

놀이에 도움을 주는 큐알 코드

[이야기 명탐정]
▶ 이야기 명탐정 읽기 자료 예시

#어떤 장면을 그려 볼래 #순서를 기억해 봐 #스토리 라인

이야기 차차차

참여자들이 같은 책을 읽고 책 속 장면을 그림으로 표현하는 놀이. 모둠별로 이야기차를 만들어 보고 서로 교환한 뒤, 그림을 보면서 어떤 순서로 이야기차를 배치해야 할지 협력하여 맞히는 모둠별 놀이.

▶ 관련 역량   ☑ 공동체역량   ☑ 협력적소통역량   ☑ 지식정보처리역량
             ☐ 자기관리역량   ☑ 창의적사고역량   ☑ 심미적감성역량

▶ 활동 단계   ☐ 읽기 전   ☐ 읽기 중   ☑ 읽기 후

▶ 놀이 형태   ☐ 개별   ☑ 모둠

▶ 인원   모둠별 4~6명

▶ 시간   30분

▶ 준비물   책(읽기 자료), 이야기차 카드

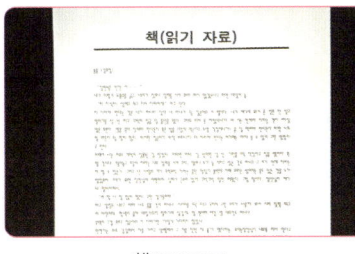

책(읽기 자료)
(개인별 1부)

이야기차 카드
(모둠별 1세트)

▶ **놀이 방법**

❶ 읽기 자료를 정독한다.

❷ 진행자는 이야기차 카드를 모둠별로 나눠준다.
　▷ 이야기차 칸의 개수는 진행자가 조절할 수 있다.

❸ 모둠 내에서 이야기차로 그릴 분량을 나눈다.
　▷ 각 모둠이 책 한 권의 이야기를 이야기차로 그릴 수 있다.
　▷ 전체 모둠이 책 한 권의 이야기를 모둠별로 나누어서 그릴 수 있다.
　▷ 이때, 목차의 수만큼 모둠별 할당량을 나누거나, 책 전체 페이지 수를 모둠 수만큼 나눠서 그려야 할 범위를 조절한다.

❹ 모둠별로 할당된 이야기차 수만큼 특징 있는 장면들을 그린다.

❺ 다른 모둠에게 보이지 않도록 이야기차를 뒷면이 보이도록 섞어서 모둠끼리 교환한다.

❻ 다른 모둠의 이야기차를 받으면, 책의 어느 장면을 그린 것인지 모둠원과 서로 협의하여 이야기차 순서를 맞춰 본다.

❼ 모둠장은 배열한 이야기차의 순서와 그림 내용을 함께 발표한다.

❽ 발표가 끝나면 해당 이야기차를 제작한 모둠의 모둠장이 일어나서 정답을 알려 준다.

▶ **놀이 과정**

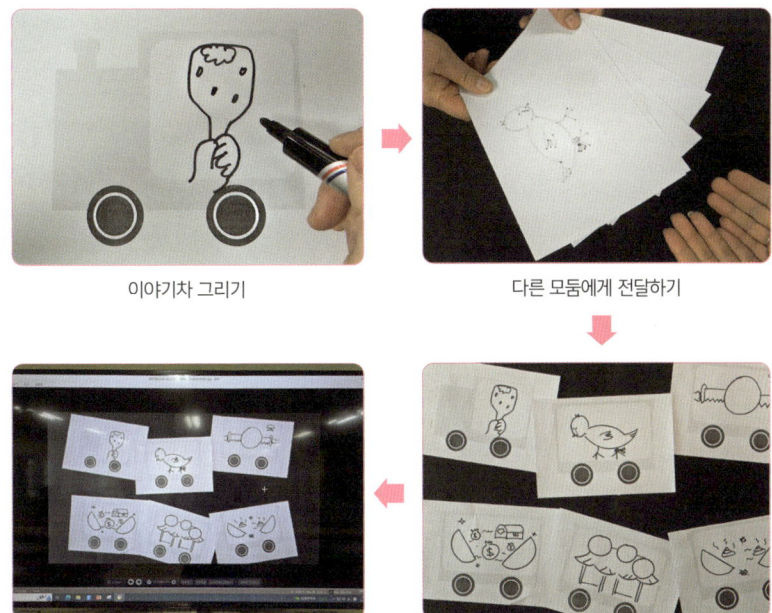

이야기차 그리기

다른 모둠에게 전달하기

이야기차 발표하기

이야기차 배열하기

▶ **즐거운 놀이를 위한 TIP**

❶ 이야기차 내용을 그릴 때는 그림을 잘 그리는 것보다 장면의 특징을 잘 살릴 수 있는 그림을 그리는 것이 중요하다고 설명해 주세요.

❷ 장면을 그릴 때는 그림으로만 표현하고, 사건 위주의 그림을 그릴 수 있도록 안내해 주세요.

❸ 이야기차 카드의 크기가 작으면 참여자들이 그리기 어려워할 수 있어요. 이야기차 카드를 크게 인쇄하는 것을 추천해요.

▶ **함께 나누는 놀이 소감**

'이야기 차차차'는 단순한 놀이지만 아이들과 진행했을 때 생각보다 열띤 토론과 웃음이 가득한 시간을 주는 책놀이다. 그림을 그리는 이야기차 칸의 개수가 제한되어 있기 때문에 아이들은 장면을 선정하기 위해 책의 흐름을 적극적으로 이야기해야 한다. 그 모습을 보고 있으니 '이야기 차차차' 놀이를 진행한 것이 뿌듯했다. 아이들이 가장 기대했던 발표 시간. 각 모둠에서 배열한 이야기차를 사진으로 찍어서 교실 화면에 띄우고 모둠장이 나와서 발표하게 했다. 책 속 장면을 멋있게 표현한 모둠에게는 박수 소리가, 난해하게 그림을 그린 모둠을 향해서는 "우~" 소리가 나왔다. 책을 완벽하게 이해하지 못해 헤매던 학생들도 모둠원들과 장면을 상의하고 그림을 그리며 발표하는 과정을 함께하다 보니, 수업을 마칠 때쯤 책의 줄거리를 이해하는 놀라운 모습을 보였다.

연계 가능 수업 놀이 사례

[중학교_역사] 한국사에 관한 교과서 내용을 전체적으로 훑어보기 위해 '이야기 차차차' 놀이를 했어요. 선사 문화와 고대 국가, 남북국 시대, 고려, 조선, 근·현대 까지 다뤘어요. 아이들이 그동안 배운 시대의 특징을 그림으로 그리면서 놀이로 함께 했는데, '이야기 차차차' 덕분에 아이들이 역사의 흐름을 한눈에 파악하기 쉬웠어요.

놀이에 도움을 주는 큐알 코드

[이야기 차차차]
▶ 이야기차 카드

#책 속 내용 환기하기 #빨강 노랑 초록 #암기가 술술술

신호등 띠빙고

기존의 한 장 띠빙고가 아니라 세 장의 띠빙고를 동시에 진행하여 재미를 배가시킨 놀이. 책 내용을 환기하기에 적합하여 이미 다양한 방법으로 활용되고 있는 검증된 놀이.

- ▶ **관련 역량** ☑ 공동체역량 ☑ 협력적소통역량 ☑ 지식정보처리역량
  ☐ 자기관리역량 ☐ 창의적사고역량 ☐ 심미적감성역량
- ▶ **활동 단계** ☐ 읽기 전 ☐ 읽기 중 ☑ 읽기 후
- ▶ **놀이 형태** ☐ 개별 ☑ 모둠
- ▶ **인원** 모둠별 4~6명
- ▶ **시간** 40분
- ▶ **준비물** 책(읽기 자료), 빨강·노랑·초록 띠빙고 종이

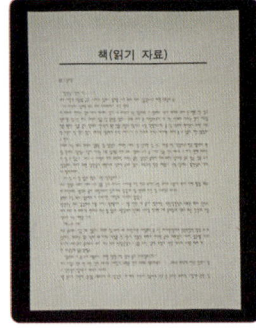

책(읽기 자료)
(개인별 1부)

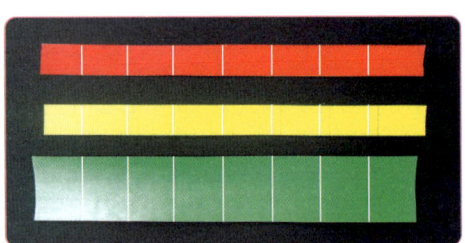

빨강·노랑·초록 띠빙고 종이
(모둠별 1세트)

▶ **놀이 방법**

❶ 참여자는 정해진 시간 동안 읽기 자료를 정독한다.

❷ 진행자가 색깔별 띠빙고의 주제어를 제시한다.
- 예: 빨간색 띠빙고 주제어 → 소설 속 등장인물
  노란색 띠빙고 주제어 → 소설 속 중심 소재
  초록색 띠빙고 주제어 → 소설 속 중심 사건

❸ 진행자는 시작 전에 미리 찬스 순서를 정해 참여자 전체에게 알려 준다.
- 예: 5번째 순서, 10번째 순서에 찬스를 쓰겠다고 미리 말하고 그 순서에 맞춰 "찬스"라고 외치면 색깔을 바꾸거나 놀이 순서 방향을 반대 방향으로 바꿀 수 있다.

❹ 진행자는 놀이 시간을 미리 참가자에게 알려 준다.

❺ 모둠원끼리 상의해서 제시된 주제어에 적합한 단어 및 문장들을 띠빙고 종이에 적는다. 이때 반드시 이야기 속 사건 순서대로 작성해야 하는 것은 아니다.

❻ 모둠 대표끼리 가위바위보를 통해 공격 순서를 정한다. 공격권을 먼저 갖는 모둠을 '선공' 모둠, 그 뒤에 공격권을 갖는 모둠을 '후공' 모둠이라 한다.

❼ 선공 모둠은 띠 색깔을 외치고, 띠빙고 양쪽 끝에 있는 낱말이나 문장을 말한다.

❽ 후공 모둠은 선공 모둠이 말한 낱말이나 문장이 자신들 모둠의 띠빙고 양쪽 끝에 있을 때만 그 부분을 찢는다.
- 예: 선공 모둠이 "노란색", "구렁이"라고 외치면 후공 모둠은 '구렁이'가 노란색 띠빙고의 양쪽 끝에 있는 경우에만 노란색 띠빙고를 찢을 수 있다. 양쪽 끝이 아닌 다른 위치에 있는 경우에는 찢을 수 없다.

❾ 놀이 중 3색 띠빙고를 모두 찢은 모둠이 나타나 "빙고"를 외치면 놀이가 끝나고 우승한다.
❿ 약속된 놀이 종료시간까지 "빙고"라고 외친 모둠이 없으면 점수를 합산하여 점수가 가장 높은 모둠이 우승한다.

▷ 점수 계산법은 다음과 같다.

찢은 띠빙고 칸 개수	각 20점씩 더하기
3색 띠빙고 중 한 줄 전체를 찢었을 경우	각 더하기 200점씩
한 칸이라도 찢지 못한 색상의 띠빙고가 있으면	각 100점씩 빼기

▶ **놀이 과정**

참여자는 읽기 자료를 정독하기

진행자는 띠빙고 주제어, 찬스 순서, 놀이 종료 시간을 정해 참여자에게 알려주기

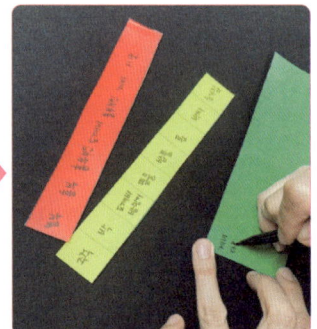

모둠별로 띠빙고 주제어에 맞게 단어나 문장 적기

정해진 순서에 따라 진행자가 "찬스"라고 외치면 띠 색깔 또는 방향 전환하기

후공 모둠은 선공 모둠이 외친 내용이 색깔도 맞고, 띠빙고 양쪽 끝에 있을 때 띠빙고 찢기

선공 모둠이 띠빙고 색깔과 내용 외치기

| 공격 방향에 따라 진행하기 | 띠빙고를 모두 찢고 빙고를 외친 모둠이 우승하기 | 놀이 종료 시간까지 우승 모둠이 나오지 않으면 가장 점수가 높은 모둠을 우승 모둠으로 선정하기 |

▶ **즐거운 놀이를 위한 TIP**

❶ 색깔 띠빙고를 찢을 때 놀이의 기쁨을 맘껏 느낄 수 있도록 분위기를 유도해 주세요. 하지만 장난스럽게 박박 찢는다든가 상대방을 놀리듯이 찢는 것은 안 돼요.

❷ 너무 빠르거나 너무 느리지 않게 진행 속도를 조절해 주는 게 중요해요.

▶ **함께 나누는 놀이 소감**

수업 시간에 배운 것들을 단계별로 쪼개어 반복적으로 확인하는 것이 필요한 순간이 있다. 전날에 배운 것이 머릿속에 남아 있지 않으면 다음 날 수업을 못 따라오게 되고 어느 순간 교사 따로, 학생 따로, 같은 교실 안에 있어도 마음이 무척 멀게 느껴지는 그런 순간 말이다. 이런 때, 모둠별 또는 개인별로 신호등 띠빙고를 통해 짧게 반복적으로 학생들의 이해 정도를 확인하고 넘어가는 게 효과적이다. 국어의 9품사를 가르칠 때 품사의 명칭, 품사의 특징, 각 품사의 공통점과 차이점, 품사의 예를 학생들은 참으로 어려워했다. 그래서 전날 배운 내용을 '신호등 띠빙고'를 통해 반복적으로 숙지하고 다음 내용으로 넘어갔다. 처음에는 버벅거리던 중학교 1학년이 자신감 있는 목소리로 "형용사"라고 말하고 빙고 종이를 신나게 찢으며 더 큰 목소리로 "빙고"라고 외친다. 잘난 척하는 1학년의 생글거림에, 큰 고비 넘겼구나 싶으면서도 내년에는 '신호등 띠빙고'를 얼마나 해야 문장 성분을 이해할까 걱정이 되기도 했다. 하지만 '신호등 띠빙고' 종이를 계속 찢다 보면 우리 아이들도 조금씩 더 알게 되겠지. 내게는 기운을 돋게 해 주는 고마운 말이다. "선생님, 빙고!"

연계 가능 수업 놀이 사례

[고등학교_통합사회] 통합사회에서 세계의 다양한 기후 단원을 학습할 때 다양한 기후의 특성을 '신호등 띠빙고'로 놀아봤어요. 빨간색의 주제어는 지중해성 기후를 지닌 나라 이름, 노란색 주제어는 지중해성 기후의 특징을 제시했어요. 이렇게 '신호등 띠빙고' 주제어를 바꿔 반복적으로 진행하니 세계의 다양한 기후에 관한 내용 이해가 높아졌어요.

[중학교_학급활동] 학급 행사 후에 '신호등 띠빙고'를 진행할 수 있어요. 학교 스포츠데이 후 활약한 친구, 기억나는 활동, 중심 사건으로 모둠별 '신호등 띠빙고'를 진행했어요. '신호등 띠빙고'를 통해 함께 나누었던 경험의 의미를 떠올리며 크게 웃을 수 있었어요.

놀이에 도움을 주는 큐알 코드

[신호등 띠빙고]
▶ 빨강-노랑-초록 띠빙고 종이

#3가지 그림 그리기 #그림으로 인물 맞히기 #보고 또 보고

책그그 : 책으로 그리는 그 사람

참여자들이 함께 책을 읽고 책 속 인물의 핵심적인 특징을 3가지의 그림으로 표현하여 모둠별로 문제를 만들고, 공개된 문제의 3가지 그림을 힌트 삼아 어떤 인물인지 모둠끼리 협력하여 맞히는 놀이.

▶ 관련 역량   ☑ 공동체역량   ☑ 협력적소통역량   ☑ 지식정보처리역량
              ☐ 자기관리역량   ☑ 창의적사고역량   ☑ 심미적감성역량
▶ 활동 단계   ☐ 읽기 전   ☐ 읽기 중   ☑ 읽기 후
▶ 놀이 형태   ☐ 개별   ☑ 모둠
▶ 인원   모둠별 4~6명
▶ 시간   40분
▶ 준비물   책(읽기 자료), 화이트보드 & 보드마커 & 지우개, 출제용 종이

책(읽기 자료)
(개인별 1부)

화이트보드 & 보드마커 & 지우개
(모둠별 1세트)

출제용 종이
(모둠별 3장)

▶ **놀이 방법**

❶ 모둠별로 정해진 시간 동안 책을 읽는다. 이때, 책 속 인물의 특징이나 핵심 내용을 표시하면서 읽으면 인물의 특징을 잘 파악할 수 있다는 것을 참여자에게 미리 알려 준다.

❷ 정해진 시간이 지나면 모둠별로 책 속 인물 3명을 선정한다.

❸ 출제하기 전에 참여자들에게 다음 사항을 안내한다.
▷ 진행자가 미리 책 속 인물에 대해 각각 점수를 정해 놓았고, 점수는 출제가 끝난 후에 공개한다.
▷ 출제를 너무 어렵게 해서 아무도 못 맞힐 경우, 출제 모둠도 점수가 없다.
▷ 출제를 너무 쉽게 해서 모두가 맞힐 경우, 출제 모둠만 점수가 없다.
→ 적절한 난이도로 출제하는 것이 중요하다.

❹ 출제용 종이 1장에 한 인물의 특징을 3가지씩 그린다.

❺ 모둠별로 3명의 인물에 대한 출제가 끝나면, 진행자는 모둠별 3장의 출제용 종이를 수합한 후, 인물마다 미리 매겨 놓은 점수를 공개한다.
▷ 진행자가 인물 점수를 공개할 때, 모둠별 반응으로 출제한 인물을 유추할 수 있으므로 반응에 유의할 것을 미리 안내한다.

❻ 진행자가 앞쪽에서 문제 그림을 보여 주고, 모둠을 돌아다니며 가까이에서도 문제 그림을 보여 준다. 이때, 사진을 미리 찍어서 TV나 빔프로젝터 화면을 통해 보여 줄 수도 있다.

❼ 출제한 모둠을 제외한 나머지 모둠은 화이트보드에 답을 쓰고, 출제한 모둠이 정답을 알려 준다.

❽ 모둠별로 점수를 합산하여 가장 점수가 높은 모둠이 우승한다.

▶ **놀이 과정**

진행자가 제공한
읽기 자료를 정독하면서
인물의 주요 특징 표시하기

모둠별로 출제할 3명의 인물을 선정하고,
모둠원과 인물의 특징을 정리하기

모둠원끼리 협력하여
인물의 특징을
그림으로 표현하기

나머지 모둠은 답을 화이트보드에 적고,
출제한 모둠이 정답 발표하기

진행자는 인물마다
정해 놓은 점수를 공개한 후,
수합한 문제를 보여 주기

▶ **즐거운 놀이를 위한 TIP**

❶ 출제할 때는 그림을 잘 그리는 것보다 인물의 특징을 잘 살릴 수 있는 그림을 그리는 것이 중요하다고 설명해 주세요.

❷ 그림이 뒤쪽 모둠까지 잘 보일 수 있도록 굵은 펜을 사용해야 한다는 것을 안내해 주세요.

❸ 인물의 특징은 그림으로만 표현할 수 있도록 해 주세요. 숫자는

가능하지만, 글자를 쓰는 순간 너무 큰 힌트가 되어서 재미가 반감되더라고요.
④ 책 속 인물이 많은 경우는 진행자가 인물별 주요 특징을 정리한 읽기 자료를 나눠 주는 것도 좋아요.
⑤ 참여자들이 헷갈리는 경우 놀이를 진행하는 동안에도 책이나 관련 자료를 참고할 수 있도록 허용해 주세요.

▶ **함께 나누는 놀이 소감**

'책그그', 그게 뭔데요? 새침함으로 시작한 아이들의 반응은 놀이가 본격적으로 시작되자 기대 이상으로 뜨거웠다. 수업 시간에 항상 수업의 바깥에서만 서성이던 아이들 가운데 그림을 잘 그리는 아이는 모둠에서 실력을 인정받아 어깨가 대폭 상승했다. 또한 모둠이 함께 문제를 맞혀야 해서 서로에게 묻고 설명해 주는 학생 주도적 수업이 나타났고, 누구인지 맞히려고 책이나 읽기 자료를 여러 번 들여다보면서 저절로 자기주도학습이 이루어졌다. 무엇보다 아이들의 얼굴이 수업 내내 웃고 있었다. 긴가민가하는 마음으로 딱 한 반에서만 연습 삼아 하려고 했는데, 그새 수업 놀이 맛집으로 소문이 났는지 다른 반의 윤리와 사상 과목 부장이 같은 반 친구 몇 명과 함께 교무실로 찾아왔다. "선생님, 그렇게 재미있는 놀이를 6반에서 하셨다고 들었습니다! 저희 반에서도 꼭 해 주세요!" 세상에, 이렇게 입소문이 무섭다.

변형 놀이 소개

😊 책을 '읽기 후'가 아니라 책을 '읽기 전' 놀이로 변형한 '책그그'

원래는 책을 읽은 후에 인물들의 특징을 이해할 수 있도록 놀이를 진행해야 하지만, 책의 내용을 전혀 모르는 상태에서 하는 '책그그'도 재미있어요. 인물들의 특징만을 간략하게 정리한 자료를 배부한 후에 해당 자료를 읽고 '책그그'를 진행함으로써 오히려 책의 내용에 흥미를 갖고 독서 활동에 집중할 수 있는 계기가 되기도 해요.

연계 가능 수업 놀이 사례

[고등학교_국어] 고등학교 3학년 국어 시간에 고전 소설 작품을 여러 개 배우고 나서 전체 놀이로 '책그그'를 했어요. 개념이나 어휘가 어려워 재미없어하던 고전 문학 수업에 아이들이 적극적으로 참여하는 모습이 인상적이었어요. '책그그'를 통해서 배웠던 내용을 상기하고, 캐릭터에 대해 참신하면서도 예리하게 해석하여 다채로운 국어 수업이 되었어요.

[고등학교_통합사회] 통합사회 시간에 다양한 형태의 복지 제도에 대해 수업할 때, 복지 제도의 종류가 너무 많아 교사 혼자 강의식으로 설명하는 것이 효과적이지 않다는 생각이 들었어요. 학생들이 알아야 할 복지 제도를 간략하게 읽기 자료로 만들어서 '책그그'로 놀았더니 국민연금, 기초연금, 노인 돌봄 서비스 등의 개념을 효과적으로 학습할 수 있었어요.

놀이에 도움을 주는 큐알 코드

[책그그]
▶ 책그그 읽기 자료(윤리 버전)
▶ 책그그 출제용 종이 양식

#책 속 인물에 공감하기 #내가 산타라면 #널 위해 준비했어

산타북 BOOK 로스

참여자들이 같은 책을 읽고 책 속에서 선물을 주고 싶은 인물을 골라 맞춤형 선물을 주는 놀이. 모둠별로 돌아가며 발표한 후, 가장 많은 스티커를 받은 참여자가 우승하는 놀이.

- ▶ 관련 역량   ☑ 공동체역량 ☑ 협력적소통역량 ☐ 지식정보처리역량
                ☐ 자기관리역량 ☑ 창의적사고역량 ☐ 심미적감성역량
- ▶ 활동 단계   ☐ 읽기 전 ☐ 읽기 중 ☑ 읽기 후
- ▶ 놀이 형태   ☐ 개별 ☑ 모둠
- ▶ 인원   모둠별 4~6명
- ▶ 시간   40분
- ▶ 준비물   책(읽기 자료), 산타북로스 카드, 스티커, 우승자 머리띠

책(읽기 자료)
(개인별 1부)

산타북로스 카드
(개인별 1장)

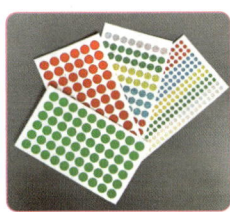
스티커
(개인별 3개)

우승자 머리띠
(모둠별 1개)

▶ **놀이 방법**

❶ 모둠별로 정해진 시간 동안 책을 읽는다. 이때, 책 속 인물 중 선물을 주고 싶은 인물을 마음속으로 결정하며 읽도록 참여자에게 미리 알려 준다.

❷ 정해진 시간이 지나면 산타북로스 카드를 참여자들에게 주고 작성하도록 한다.

▷ 산타북로스 카드 항목: 선물하고 싶은 인물/주고 싶은 선물/주고 싶은 이유/스티커 붙이는 곳 등으로 구성한다.

❸ 모든 참여자가 산타북로스 카드를 다 작성하면, 모둠원들이 돌아가며 산타북로스 카드 내용을 발표한다.

❹ 모든 참여자의 발표가 다 끝나면, 진행자가 참여자들에게 스티커를 3개씩 나누어 준다. 모든 산타북로스 카드를 가운데에 펼쳐 두고, 참여자들이 마음에 드는 선물에 자신의 스티커를 붙인다.

❺ 가장 많은 스티커를 받은 사람이 우승하고, 우승자에게는 우승자 머리띠를 씌워 준다.

▶ **놀이 과정**

읽기 자료를 정독하면서
선물을 주고 싶은 인물 정하기

산타북로스 카드 배부하기

산타북로스 카드 작성하기

가장 많은 스티커를 받은 참여자에게
우승자 머리띠를 씌워주기

각자 돌아가며 각자의 산타북로스 카드
내용을 발표하고 마음에 드는 선물을
골라 스티커 붙이기

▶ 즐거운 놀이를
위한 TIP

❶ 너무 장난스러운 분위기로 흐르지 않도록 분위기를 잡아 주는 게 중요해요. 진지한 마음으로 읽기 자료를 읽고 고심 끝에 선물을 적도록 유도해 주세요.

❷ 선물하고 싶은 인물은 꼭 주인공이 아니어도 되고 사람이 아닌 대상도 가능해요. 또한 주고 싶은 선물은 현실에 존재하는 것뿐만 아니라 상상 속에 존재하는 것, 능력이나 시간처럼 형태가 없는 것도 가능하다고 미리 안내해 주세요.

❸ 각자 고른 선물과 그 이유를 발표할 때 서로 공감하고 경청할 수 있는 따뜻한 분위기가 형성되는 게 무척 중요해요. 긍정적인 호응이 나오도록 이끌어 주세요.

❹ 마음에 드는 선물에 스티커를 붙일 때 경쟁적이고 비판적인 분위기로 평가하듯이 스티커를 붙이기보다는 함께 의미를 나누는 것 자체에 집중하도록 분위기를 조성해 주세요.

❺ 참여자들에게 배부한 3개의 스티커는 자신이 작성한 카드를 제외하고 붙여야 한다는 것을 안내해 주세요. 스티커는 마음에 드는 선물에 1~3개까지 자유롭게 붙일 수 있어요.

▶ **함께 나누는 놀이 소감**

　책을 읽고 난 후 책 속 인물에게 선물을 주는 것도 재치 있는 답변들이 많이 나와 흥미로웠지만, '산타북로스'의 진가는 학급 활동 시간에 나타났다. 1년을 마무리하며 학급 사진첩을 통해 생각보다 빨리 지나간 1년을 돌이켜 보며 아쉬움과 감사함, 대견함이 어우러진 감정으로 마음이 몰랑몰랑 변해가고 있던 찰나였다. 학교생활 속에서 가장 힘들고 속상했던 일들을 이야기하며 모둠 안에서 가장 위로가 필요한 친구를 뽑을 때부터 예상했었다. 아이들은 보이지 않는 책 속 인물보다 내 옆에 있었으나 미처 챙기지 못한 친구들의 이야기에 더 큰 관심이 있다는 것을. 진지한 이야기에 엉뚱한 반응으로 혹시 썰렁한 학급 분위기가 되면 어쩌나 걱정했던 것은 내 기우였음을. 친구들의 사연을 듣고 진지하고, 깊이 있고, 웃음이 빵 터지는 재치 있는 선물들로 '산타북로스' 카드는 반짝반짝 빛이 났다. 이미 우승자가 누구인지는 중요하지 않았다. 서로를 걱정하고 공감하는 마음이 교실을 따뜻하게 만들었으니 말이다.

변형 놀이 소개

☺ 산타북로스 카드를 통해 선물의 주인공이 누구인지 예측하는 놀이로 변형 가능

원래 '산타북로스'는 책을 읽은 후에 인물을 선정하여 선물을 주는 형식의 놀이예요. 이를 변형하여 '산타북로스' 카드를 다 취합하여 선물 목록을 소개하며 어떤 인물에게 주려는 것인지, 어떤 이유로 주려는 것인지를 거꾸로 맞히는 것으로 놀이를 변형하는 것도 가능해요.

연계 가능 수업 놀이 사례

[중학교_사회] 난민, 탈북민, 내전 등을 주제로 공부할 때 상황 속 인물에게 '산타북로스' 카드로 맞춤형 선물을 고르고 그 이유에 대해 적도록 했어요. 모둠별 발표 및 우승자 선정으로 공감과 이해가 필요한 상황에 대해 깊이 있게 고민해 보고 다양한 생각들을 의미 있게 나누어 볼 수 있었어요.

[중학교_학급활동] 학년을 마무리하는 시간에 모둠별로 1년 동안 힘들고 속상했던 일들을 서로 이야기하도록 했어요. 그 후, 모둠별로 가장 위로가 필요한 인물을 선정하고 그 인물을 위해 '산타북로스' 카드를 작성하여 맞춤형 선물을 고르고 그 이유를 적도록 했더니 모둠 안에서 가장 위로가 필요한 인물로 선정된 학생이 자신의 마음에 쏙 드는 선물 고르며 큰 위로가 되었다며 기뻐했어요.

놀이에 도움을 주는 큐알 코드

[산타북로스]
▶ 산타북로스 카드

#인상(人相) 아니고 인상(印象) #○○이 뭘까 #필사의 매력

인상印象 쓰기 좋은 날

책 속에서 인상 깊은 구절을 자신의 카드에 쓰고, 필사한 구절 중 한 단어를 퀴즈로 내서 맞히는 놀이. 필사 과정을 통해 내용을 음미하고, 구절의 의미를 공유함으로써 서로의 생각이나 감상을 나눌 수 있는 놀이.

▶ **관련 역량**
☐ 공동체역량 ☑ 협력적소통역량 ☐ 지식정보처리역량
☐ 자기관리역량 ☑ 창의적사고역량 ☑ 심미적감성역량

▶ **활동 단계** ☐ 읽기 전 ☐ 읽기 중 ☑ 읽기 후

▶ **놀이 형태** ☑ 개별 ☐ 모둠

▶ **인원** 10~30명

▶ **시간** 40분

▶ **준비물** 책(읽기 자료), 명함 크기의 무지 카드, 사인펜

책(읽기 자료)
(개인별 1부)

명함 크기의 무지 카드
(개인별 1장)

사인펜
(2인 1세트)

▶ **놀이 방법**

❶ 읽기 자료를 정독한다.

❷ 읽기 자료에서 가장 인상 깊은 구절을 하나 골라서 카드에 쓴다.
　▷ 사인펜, 색연필 등을 활용해 예쁘게 꾸미도록 하면, 친구들과의 속도 차이를 맞출 수 있다.

❸ 인상 깊은 구절 중 마음에 드는 단어에 그 글자 수만큼 '○'를 표시한다.
　▷ '두 글자면 ㉺㉻, 세 글자면 ㉼㉽㉾' 이런 방식으로 표시한다.

❹ 모든 참여자들이 출제자가 되어 돌아가면서 인상 깊은 구절을 발표한다. 이때, '○'로 표시한 부분은 '땡'으로 읽어서 문제로 낸다.

❺ 참여자가 손을 들고 답을 말하면 출제자는 정답 여부를 알려 준다. 정답을 맞힌 참여자는 자기가 만든 카드의 한 귀퉁이에 ★모양을 그린다.

❻ 이후 참여자는 정답을 맞힐 때마다 자기 카드에 ★모양을 추가로 그린다.

❼ 돌아가면서 같은 방법으로 놀이를 진행한다.

❽ 놀이가 끝난 후 ★의 개수가 가장 많은 참여자가 우승한다.

▶ **놀이 과정**

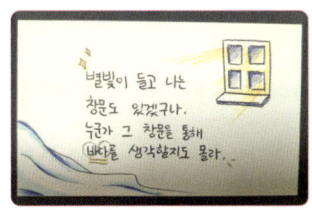

책을 읽고, 가장 인상 깊은 구절을 골라 카드에 쓰고, 문제로 낼 단어에 ○를 표시하기

한 명씩 돌아가면서 인상 깊은 구절을 발표하고, ○로 표시한 부분은 '땡'으로 읽어서 문제로 내기

참여자들은 손을 들고 답을 말하고, 맞힌 경우, 본인 카드에 ★표시하기

▶ **즐거운 놀이를 위한 TIP**

❶ 문제가 어렵다면 힌트를 점차 늘리도록 해요. 초성 힌트, 스무고개 등을 통해 정답을 맞히도록 유도해 주세요.

❷ 정답을 맞히겠다고 손을 든 참여자가 많다면, 정답을 맞힌 적이 없는 참여자가 먼저 답할 수 있도록 기회를 주세요. 또는 '진행자 대 참여자 가위바위보'를 추천해요.

❸ 같은 구절보다는 다양한 구절이 나올 수 있도록 유도하면 더 재미있게 활동할 수 있어요.

❹ 인상 깊은 구절을 똑같이 쓴 친구들이 있다면, 마음이 통한 친구들 모두 ★ 1개를 추가로 획득해요.

❺ 예쁘게 꾸민 카드를 추천 받고, 해당 카드들을 반에 게시해요.

❻ 놀이가 끝난 후에는 왜 해당 문장을 인상 깊은 구절로 뽑았는지 각자 돌아가며 이야기를 공유해도 좋아요.

❼ 인상 깊은 구절에 대해 진행자가 긍정적인 피드백을 주면 참여자들의 자긍심이 상승해요.
　▷ "저도 이 문장이 참 와 닿았어요."와 같이 공감해 주면 반응이 좋아요.

▶ **함께 나누는 놀이 소감**

'인상 쓰기 좋은 날'이라는 놀이 제목을 들으면, 누구나 인상을 찌푸리는 것을 먼저 떠올릴 것이다. 놀이를 하기 전에 아이들이 인상(相)만 잔뜩 쓰면 어떡하지? 라는 걱정이 앞섰지만, 막상 놀이가 끝나니 오히려 좋은 인상(印象)만 가득 남게 되었다.

아이들이 읽기 자료의 내용을 완벽히 이해하지는 못했어도 각자 인상 깊은 구절을 골라 카드를 꾸미며 자신들의 생각과 감정을 담는 과정이 보기 좋았다. 또한 문제를 맞히는 단계에서는 적극적으로 정답을 맞히려는 모습을 보며 재미와 긴장감이 동시에 느껴졌고,

같은 구절을 고른 친구들은 서로 마음이 통하는 게 신기하다는 반응을 보였다. 전체 학생 대상 놀이이다 보니 평소 참여를 잘 못 하거나 반응 속도가 느리고 동기 유발이 잘 안되는 학생들도 주인공이 되는 수업이었고, 학생들이 카드를 작성했는지 교사가 점검하며 도와주고 놀이가 시작한 후에도 글을 볼 수 있다고 안내하니 수업을 잘 못 따라오는 학생들도 적극적으로 참여하였다.

놀이가 끝나고 난 후엔 해당 구절이 왜 인상 깊었는지 서로 의견을 나누었는데, 각자의 다양한 생각과 느낌을 공유할 수 있어 더욱 뜻깊은 시간이 되었다는 후기가 많았다. 읽기 자료의 내용이 어렵더라도, 인상 깊은 구절 하나쯤은 마음에 새길 수 있는 활동이다.

변형 놀이 소개

☺ 인상 카드를 재활용한 '인상 쓰기 좋은 날'

진행자는 이전 차시에서 진행했던 ✱이 표시된 모든 카드를 모아요. 카드를 섞어 교탁 위에 뒤집어 놓고, 참여자가 한 명씩 나와서 무작위로 카드를 하나 골라 카드에 적힌 인상 깊은 구절을 읽으면서 ○로 표시된 부분을 문제로 내요. 원한다면 해당 카드에 제시된 다른 단어를 문제로 낼 수도 있어요. 정답을 맞힌 참여자가 해당 카드를 받아요. 이때, 카드에 표시된 ✱의 개수가 바로 점수가 돼요.

연계 가능 수업 놀이 사례

[고등학교_중국어] 중국인들이 좋아하는 색깔과 숫자, 중국인들의 선물 문화 등을 익히기에 좋은 소설인 조정래의 『정글만리』의 일부분을 읽고 놀이를 진행했어요. 소설 내용상 아이들이 인상 깊은 구절보다 핵심이 되는 구절을 골라 그 문장의 주요 단어를 문제로 냈더니 자연스럽게 학습으로 이어졌어요.

[고등학교_동아리 활동] 독서동아리에서 『채식주의자』, 『저주토끼』, 『모순』을 읽고 '인상 쓰기 좋은 날'을 진행했어요. 학생들이 선택한 문장이 다양해 흥미진진했어요. 어려운 문제는 도전 정신을 발휘해 끝까지 책을 보지 않고 맞히려는 모습도 보여 주었어요. 문제를 맞힌 후에는 출제자가 문장 선택 이유를 설명하며 소감을 나누어 책수다가 풍성해지고 만족도가 높았답니다. 놀이를 통해 책을 더 자세히 볼 수 있었고 서로의 감상을 자연스럽게 공유할 수 있어 좋았어요.

놀이에 도움을 주는 큐알 코드

[인상 쓰기 좋은 날]
▶ 실제 인상 쓰기 좋은 날 카드 작성 예시

5부

시 놀이터

BTS | 7·7·7 | 고백시점프 | 시 그림 퀴즈

#고민 카드 #시집과 친해지기 #책에서 발견하는 지혜와 위로

BTS : Books Toward Solutions

참여자들이 적어낸 고민 카드 중에서 공감되는 카드 하나를 골라 고민을 소개하고, 문제 해결에 도움을 주거나 위로해 줄 수 있는 구절을 참여자들이 시집에서 찾아 발표하고 공유하는 놀이.

- ▶ **관련 역량** ☑ 공동체역량   ☑ 협력적소통역량   ☐ 지식정보처리역량
  ☐ 자기관리역량   ☑ 창의적사고역량   ☑ 심미적감성역량
- ▶ **활동 단계** ☐ 읽기 전   ☑ 읽기 중   ☐ 읽기 후
- ▶ **놀이 형태** ☑ 개별   ☐ 모둠
- ▶ **인원** 10~30명
- ▶ **시간** 40분
- ▶ **준비물** 시집, 활동지, 명함 크기의 무지 카드, 타이머

시집
(인원수 + 10~15권)

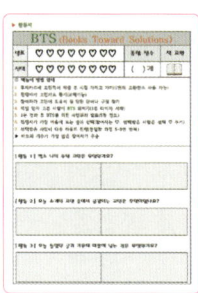
활동지
(개인별 1부)

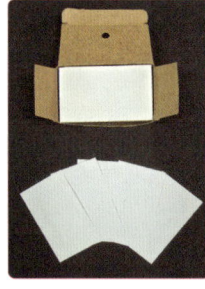
명함 크기의 무지 카드
(개인별 2장)

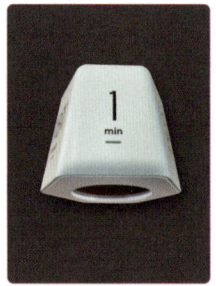
타이머
(진행용 1개)

▶ **놀이 방법**

① 진행자는 시집을 인원수보다 10~15권 정도 더 준비하고 참여자는 이 중 마음에 드는 시집 한 권을 가져와 자리에 앉는다.

② 진행자는 참여자에게 2장씩 무지 카드를 나눠 주고 참여자는 무지 카드 2장에 익명으로 자신의 고민을 적어서 제출한다.

③ 진행자는 앞쪽에 마련된 책상 위에 참여자가 제출한 고민 카드를 고민이 보이지 않도록 뒤집어 펼쳐 두고, 활동지를 참여자에게 1부씩 배부한다.

④ 라운드별로 고민을 소개할 사람이 나와서 고민 카드 중 하나를 선택하여 소개한다. 이때 고민 내용이 공감되지 않을 경우, 자유롭게 카드를 뒤집어 내용을 확인하며 다른 카드로 교체할 수 있다.

⑤ 나머지 참여자들은 소개된 고민에 도움이 될 만한 시어나 구절을 자신의 시집에서 하나 고른다.

⑥ 적절한 시어나 구절을 고른 참여자는 "BTS"라고 외친다.

⑦ 'BTS'를 외친 첫 참여자가 나오면, 진행자는 타이머로 1분을 맞추어 실행시킨다.

⑧ 나머지 참여자들도 제한 시간 1분 동안 적절한 시어나 구절을 찾은 경우, "BTS"라고 외친다.

⑨ 1분이 지나면 'BTS'를 외친 참여자들은 자신이 고른 시어나 구절을 읽고 이유를 이야기한다. 이때, 제일 먼저 'BTS'를 외친 참여자부터 발표를 시작한다.

　▷ 참여자는 발표할 때마다 활동지의 발표 ♡를 하나씩 색칠한다.

⑩ 해당 라운드에서 고민을 소개한 사람이 가장 마음에 드는 시어나 구절을 선택하면, 해당 시어나 구절을 발표한 참여자는 활동지의 선택 ♡를 추가로 색칠한다.

⑪ 이전 라운드에서 선택 받았던 참여자가 다음 라운드에서는 고

민을 소개하는 사람이 되어 이 과정을 반복한 후 색칠된 ♡가 가장 많은 참여자가 우승한다.

▶ 놀이 과정

참여자가 마음에 드는 시집을 고르기

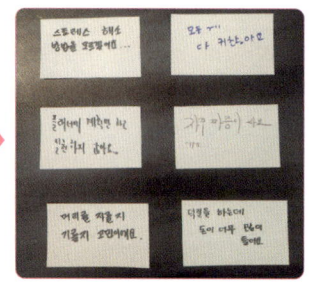

무지 카드에 고민을 익명으로 적어 진행자에게 제출하기

진행자가 모인 고민 카드를 앞쪽에 마련된 책상 위에 뒤집어서 펼쳐 두기

적절한 시어나 구절을 먼저 찾은 사람이 BTS를 외치면 진행자가 1분 타이머 작동하기

참여자는 적절한 시어나 구절을 시집에서 찾기

고민을 소개하는 사람이 마음에 드는 고민 카드를 뽑고 읽어주기

BTS를 외친 참여자들의 발표가 끝나면 고민을 소개한 사람이 가장 마음에 드는 구절을 하나 고르기

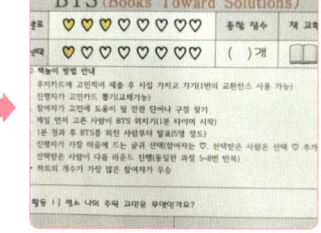

발표자와 선택 받은 사람이 ♡를 색칠한 후, 선택 받은 사람이 다음 라운드 고민 소개하기

▶ 즐거운 놀이를 위한 TIP

❶ 첫 진행은 교사가 고민 카드를 뽑아서 시범을 보여 주는 것이 좋아요.

❷ 참여자가 고민 카드 두 장을 적을 때 한 장에는 자신에게 어울리는 머리 스타일과 같은 가벼운 고민을, 다른 한 장에는 진로 탐색과 같은 조금 더 진지한 고민을 적도록 하면 다양한 고민들이 나와 재미있게 진행할 수 있어요.

❸ 롱인덱스를 활용하면 본인이 찾은 구절을 표시하여 놓치지 않고 발표할 수 있어요.

❹ 참여자가 시집을 좀 더 집중해서 볼 수 있도록 책 교환 기회는 2라운드 이후에 주는 것이 좋아요.

❺ 발표자가 고른 구절에 대한 이유를 함께 얘기할 수 있도록 이끌어 주면 더 다양한 이야기를 나눌 수 있어요.

❻ 고민을 소개한 사람은 구절을 고르기 위해 구절을 메모하며 들을 수 있도록 안내해 주세요.

❼ 선택되지 않은 고민 카드도 마지막에 진행자가 간단하게 소개해 주면 참여자의 다양한 고민을 공유할 수 있어요.

▶ 함께 나누는 놀이 소감

시집과 친해지는 놀이 'BTS'는 아이들이 가장 좋아하는 책놀이 중 하나다. 무엇보다 시집을 접할 기회가 없었던 아이들이 놀이를 통해 시가 가진 특성을 자연스럽게 느낄 수 있다는 점이 매력적이다. 아이들은 시집에서 친구들의 고민 해결에 도움을 줄 수 있는 구절을 찾을 수 있다는 것을 신기해 하고 재미있다는 반응을 보였다. 시가 아이들의 생활과 가까워진 것 같아 뿌듯했다.

또한 각자 다양한 고민들을 가지고 학교라는 공간에서 함께 생활하고 있는 아이들에게 'BTS'는 책을 통해 '나'와 '너'를 잇는 놀이로 아이들의 마음을 여는 장점이 있다. 아이들은 "고민에 대한 비밀이 보장되니 마음이 편했다.", "친구들도 비슷한 고민을 하고 있다는 것이 안심되었다.", "친구들의 고민을 알 수 있어서 좋았고 더 친해진 느낌이다." 등의 반응을 보였다. 'BTS' 책놀이를 통해 시집은 물론이고 서로에게도 한 발짝 다가갈 수 있는 기회가 되었다.

변형 놀이 소개

😊 **시집을 활용한 '인물 찾기' 놀이**

'BTS'와 동일한 방식으로 진행하되 해당 인물(담임 선생님, 짝꿍, 우리 반 반장, 소설이나 드라마 속 인물 등)을 가장 잘 표현한 구절을 찾아 발표하면 인물의 특징을 구체적으로 알 수 있어요.

😊 **일반 책을 활용한 놀이**

시집이 아닌 일반 책으로도 놀이를 진행할 수 있어요. 처음 책을 만나게 되는 순간 또는 책을 다 읽은 후에 활용하면 책에 대한 흥미를 높여 주고 책 속 구절을 되새기게 할 수 있어요.

연계 가능 수업 놀이 사례

[고등학교_국어] 수행평가로 진행되었던 '마음 처방시 쓰기'의 사전 활동으로 'BTS'를 활용했어요. 고민 사연자에게 도움이 될 만한 처방시를 고르기 전에 'BTS'를 통해 시집을 살펴볼 수 있게 했어요.

[고등학교_윤리와 사상] 서양 윤리 사상에서 헬레니즘 시대 사상가인 스토아학파, 에피쿠로스학파를 배울 때 'BTS'를 활용했어요. 이 시대의 사상가들은 공통적으로 인간의 고통을 극복하는 것에 관심이 있었거든요. 아이들이 각 학파의 입장이 되어 시집에서 스토아학파와 에피쿠로스학파라면 어떤 해결책을 제시할까를 찾도록 했어요.

[중학교_학급활동] 학급에서 집단 상담을 진행할 때 'BTS'를 활용하면 자연스럽게 아이들의 다양한 고민과 이야기를 이끌어 낼 수 있어요. 'BTS' 진행 후에 소감을 나누는 과정을 통해 친구들에 대한 공감 능력과 의사소통 능력을 기를 수도 있어요.

놀이에 도움을 주는 큐알 코드

[BTS]
▶ BTS_활동지

#빨주노초파남보 #힌트 주세요 #바로 그 시어 찾기

7·7·7

시를 읽으며 7개의 적절한 시어를 찾는 놀이. 7가지 색으로 표시된 자리에 각 색깔에 해당하는 3개의 시어를 제시하고, 3개의 시어 중 어떤 것이 적절할지 생각하며 시인의 의도를 파악하는 놀이.

▶ **관련 역량**   ☑ 공동체역량   ☑ 협력적소통역량   ☑ 지식정보처리역량
　　　　　　　　☐ 자기관리역량   ☐ 창의적사고역량   ☑ 심미적감성역량

▶ **활동 단계**   ☐ 읽기 전   ☑ 읽기 중   ☐ 읽기 후

▶ **놀이 형태**   ☐ 개별   ☑ 모둠

▶ **인원**   모둠별 4~6명

▶ **시간**   40분

▶ **준비물**   시 자료, 시어 카드, 힌트 카드, 더하기 카드

시 자료	시어 카드	힌트 카드	더하기 카드
(모둠별 1부)	(모둠별 21장)	(진행용 7장)	(모둠별 1장)

▶ **놀이 방법**

❶ 놀이의 진행을 위한 사전 준비를 한다.
  ▷ 7개의 시어를 골라 빨간색, 주황색, 노란색, 초록색, 파란색, 남색, 보라색의 7개 색깔로 표시한 시 자료를 준비한다.
  ▷ 7개의 색깔로 표시한 자리에 들어갈 시어 카드를 각 3장씩 총 21장을 준비한다.
  ▷ 7개의 색깔에 해당하는 힌트 카드를 각 1장씩 총 7장을 준비한다.
  ▷ 더하기 카드로 '300점 더하기' 카드 1장을 준비한다.

❷ 모둠별로 시 자료 1부, 시어 카드 21장, 더하기 카드 1장을 배부한다.

❸ 모둠별로 시를 읽으며, 시 자료의 각 색깔 자리에 들어갈 적합한 시어를 고른다.
  ▷ 모둠원끼리 상의하여 각 색깔로 제시된 3장의 시어 카드 중, 시의 흐름상 가장 적합하다고 생각하는 1장의 시어 카드를 고른다.
    • 예: 빨간 시어 카드 3장이 '별', '하늘', '구름'이라면, 시 자료에서 빨간색에 들어가기 가장 적합한 시어 1개를 '별', '하늘', '구름' 중 고른다.

❹ 모둠별로 시를 읽으며, 정답이라고 확신하는 시어 카드 옆에 더하기 카드를 놓는다.

❺ 모둠에서 "점수 확인"이라고 외치면 진행자는 해당 모둠이 현재 몇 점인지 확인해 준다. 각 모둠당 기회는 1번이다.

❻ 모둠에서 "힌트"라고 외치면 진행자에게 힌트를 얻을 수 있다. 각 모둠당 기회는 1번이다.
  ▷ 진행자와 가위바위보를 하여 참여자가 진 경우에는 참여자

가 원하는 색깔의 힌트 카드를 고를 수 있고, 참여자가 이긴 경우에는 진행자가 선택한 힌트 카드를 받을 수 있다.

▷ 진행자는 해당 색의 시어에 대해 카드 앞면에 적힌 방법으로 힌트를 준다.

❼ 필요한 경우 진행자가 시간을 제한하고, 진행자가 최종적으로 정답을 알려 준다.

❽ 점수 계산법은 다음과 같다.

ㄱ. 색깔별 시어를 맞게 고른 경우, 하나당 100점을 획득한다.

ㄴ. 더하기 카드를 정답 옆에 놓은 경우, 300점을 추가로 획득한다.

- 예: 빨간 카드, 파란 카드에 해당하는 시어를 맞히고, 파란 카드 옆에 더하기 카드를 놓았다. 맞은 시어 2개의 200점에 300점 더하기 카드의 점수를 합해 총 500점이 된다.

ㄷ. 색깔별 시어를 모두 맞히고, 더하기 카드를 놓은 경우, 1000점이다.

▶ 놀이 과정

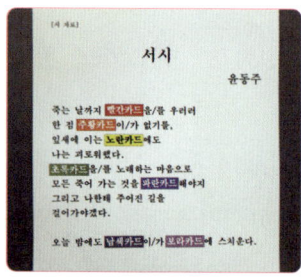

진행자는 모둠당 시 자료 1부, 시어 카드 21장, 더하기 카드 1장을 배부하기

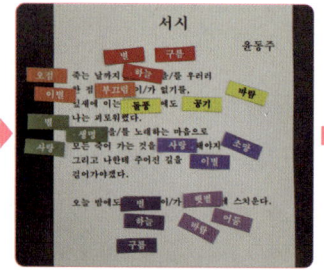

참여자는 모둠원들과 상의하며 각 색깔 카드에 들어갈 시어를 유추하기

참여자는 진행자를 통해 중간 점수를 확인하기(1회 가능)

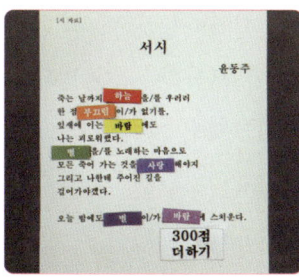  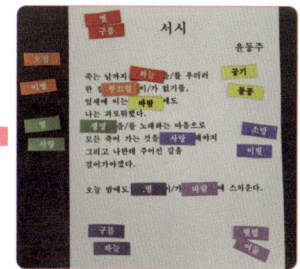

| 제한 시간 내 카드에 들어갈 시어를 최종 결정하여 정답 및 총점 확인하기 | 필요할 경우, 힌트를 외치고 진행자와 가위바위보를 하여 힌트 얻기(1회 가능) | 모둠원끼리 상의하여 오답으로 예상되는 시어 카드 변경하기 |

▶ **즐거운 놀이를 위한 TIP**

❶ 모둠에서 틀린 부분을 찾아, 시인이 왜 이 시어를 선택했을지 토의하며 시인의 의도를 파악하면 시를 더 깊이 이해할 수 있어요.

❷ 시인에 대한 배경지식이나 같은 시인의 다른 작품들을 소개하면 아이들이 시어를 찾는 데 도움을 줄 수 있어요.

❸ 참여자들의 진행 상황을 보며 진행자가 중간 점수 확인 횟수를 융통성 있게 조절할 수 있어요.

❹ 힌트 카드는 음절 수 힌트, 동작 힌트, 그림 힌트 외에 초성 힌트, OX 힌트, 관련 시어를 제시하는 연상 힌트 등 다양한 아이디어를 포함하여 만들 수 있어요.

▶ **함께 나누는 놀이 소감**

처음에 아이들에게 '7·7·7' 놀이를 하겠다고 이야기했을 때, "똑같은 모양의 그림을 3개 찾는 건가요?", "카드놀이인가요?"라는 질문들이 쏟아졌다. 놀이 제목으로도 아이들에게 흥미를 끌어낼 수 있다는 생각이 들어 신기했다. 놀이를 진행하면서 모둠의 아이들이 자신의 의견을 설득력 있게 제시하려 노력하는 모습과 제시된 색깔 카드 시어의 의미를 곱씹고 생각하는 모습을 보며 참 흐뭇하게 느꺼지기도 했다. 아이들은 중간에 교사로부터 힌트를 얻을 때, 가위바위보에 지면 오히려 원하는 힌트를 얻을 수 있다는 것에 낯설어하기도 했다. 아이들은 무조건 이기는 것만이 보상받는 것이 아님을 이해했고, 금세 규칙에 적응하여 가위바위보에서 지기를 바라는 재미있는 모습을 보여 주었다. 또한 교사가 중간 점수를 확인해 줄 때, 점수 더하기 실수를 하면 아이들에게 혼란을 가져다줄 수 있다는 것도 느꼈다. "선생님께서 중간 확인 점수를 잘못 말씀해 주셔서 저희가 이게 틀린 줄 알았잖아요!" 세상에, 식은땀이 흐르는 순간이었다.

변형 놀이 소개

😊 **색깔 카드에 제시된 시어를 활용하여 새로운 시 창작하기**

색깔 카드에 있는 다양한 시어를 활용하여 새로운 시를 창작하는 활동을 할 수 있어요. 기존에 제시된 시의 형식을 참고해도 되고, 전혀 다른 형태의 시로 창작해도 좋아요. 색깔 카드의 다른 시어를 활용하여 창작을 하면 표현도 기존 시와 달라질 수 있고, 시가 전달하는 의미가 달라질 수 있다는 것을 배울 수 있어요.

연계 가능 수업 놀이 사례

[중학교_영어] 영미시도 같은 방법으로 '7.7.7'을 할 수 있어요. 시의 흐름상 적절한 시어를 살펴봄으로써 학생들은 능동적으로 영미시 해석을 했어요. 시의 형태로 제시되는 문학 작품이라면 언어에 상관없이 모두 적용할 수 있는 놀이예요.

[고등학교_중국어] 중국어 단어가 들어간 2쪽 분량의 설명문을 제시하고, 주요 7개 단어에 색깔 카드를 제시하였어요. 그리고 글을 읽으면서 흐름상 적절한 단어를 유추하고 맞히는 놀이를 했어요. 특히 해당 단어의 의미를 생각하는 과정에서 단어에 대한 깊이 있는 학습이 이루어졌고, 유사한 의미의 단어를 더 알게 되었어요.

놀이에 도움을 주는 큐알 코드

[7.7.7]
▶ 7.7.7_7개 시어 자리에 색깔을 표시하여 나타낸 시 자료
▶ 7.7.7_7색에 해당하는 시어 카드
▶ 7.7.7_7색에 해당하는 힌트 카드, 더하기 카드

#나도 시인 #때로는 점프 #앞뒤로 시를 움직여

고백시점프 | Go-Back-詩-Jump

행 또는 연 단위로 자른 시 조각을 펼쳐 놓고 앞뒤로, 때로는 점프도 시키면서 원래 시의 모습으로 배열하는 모둠 협동 놀이. 배열이 끝나면 적절한 분량으로 모둠원 수만큼 시를 나누어 먼저 암송하는 모둠이 최종 우승하는 놀이.

▶ **관련 역량** ☑ 공동체역량 ☑ 협력적소통역량 ☑ 지식정보처리역량
　　　　　　　□ 자기관리역량 □ 창의적사고역량 ☑ 심미적감성역량
▶ **활동 단계** □ 읽기 전 ☑ 읽기 중 □ 읽기 후
▶ **놀이 형태** □ 개별 ☑ 모둠
▶ **인원** 모둠별 4~6명
▶ **시간** 40분
▶ **준비물** 시 조각 세트, 힌트 종이, 힌트 종이 담는 컵

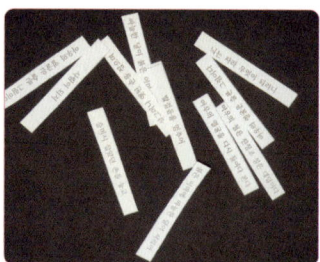
시 조각 세트
(모둠별 1개)

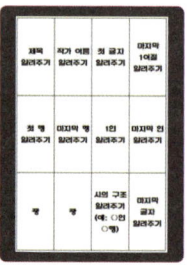
힌트 종이
(진행용 1개)

힌트 종이 담는 컵
(진행용 1개)

▶ **놀이 방법**

❶ 놀이의 진행을 위한 사전 준비를 한다.
  ▷ 진행자는 모둠 수만큼 행 또는 연 단위로 구분한 시 종이 파일을 인쇄하여 자른다. 이때, 퍼즐처럼 외곽선의 모양이 힌트가 되지 않도록 안쪽 선에 맞춰서 자른다.
  ▷ 진행자는 힌트 종이 파일을 인쇄하여 자르고, 힌트가 보이지 않도록 접어서 컵에 담아 둔다.

❷ 놀이 시작 후 3분 동안은 진행자로부터 정답을 확인할 수 없고, 모둠원끼리 상의하여 시를 이리저리 배열해 본다.

❸ 3분이 지나면 정답 확인을 요청하는 모둠에 가서 진행자가 정답을 확인해 준다.
  ▷ 같은 모둠이 연달아서 정답 확인을 요청할 수 없다.

❹ 모둠별로 2회 정도 정답을 확인했는데도 원래 시의 순서대로 배열하지 못하는 경우, 모둠원 중 한 명이 진행자와 가위바위보를 해서 지면 힌트를 얻을 수 있다.

❺ 원래의 시와 똑같이 배열한 모둠이 나오면 일단 놀이를 종료하고, 이 모둠이 자신들이 배열한 대로 시를 천천히 낭독해 준다. 나머지 모둠은 경청하면서 시의 배열이 틀린 부분을 바꾼다.

❻ 모든 모둠이 원래의 시대로 배열한 상태가 되면, 모둠 안에서 시를 인원수만큼 적당한 분량으로 나누어 각자 자신의 분량을 외운다.

❼ 먼저 외운 모둠이 도전을 외치고, 시를 암송한다. 다른 모둠은 외우는 것을 잠시 멈추고 경청하면서 도전한 모둠이 정확히 암송하는지 함께 확인한다.

❽ 가장 먼저 시 외우기에 성공한 모둠이 우승한다.

▶ **놀이 과정**

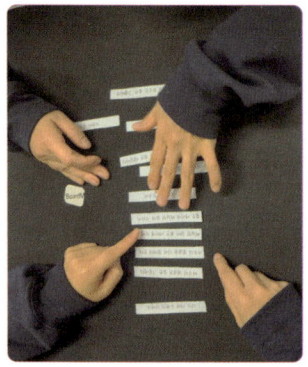
받은 시 조각 세트를 모둠원끼리 상의하여 원래 시대로 배열해 보기

도전에 거듭 실패할 경우 힌트를 받기 위해 진행자와 가위바위보 하기

가위바위보 해서 지면 힌트를 받아 시를 다시 배열하기

가장 먼저 시 암송에 성공한 모둠의 승리로 놀이 끝내기

시의 배열이 끝나면 모둠별로 분량을 나누어 시를 외우기

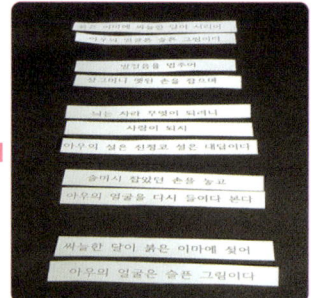
시의 배열을 올바르게 완성하기

▶ **즐거운 놀이를 위한 TIP**

❶ 놀이에 함께 할 참여자들의 수준을 고려하여 시상 전개의 논리적 흐름이 분명하면서도 너무 쉽지 않은 시를 준비하는 것이 좋아요.

❷ 시인의 작품 경향, 해당 작품의 시를 읽고 누군가 쓴 감상문, 전문가가 쓴 비평문의 일부를 힌트로 준비하면 좋아요. 아이들

이 그 힌트를 여러 번 읽으면서 시인의 의도나 시상 전개 방식 등에 대해 깊이 고민해 볼 수 있어요.

❸ 문해력, 성격 등을 고려하여 미리 모둠을 구성하는 것도 필요해요.

❹ 활동에 어려움을 겪는 모둠이 있다면, 그 모둠이 놀이에 끝까지 참여할 수 있도록 진행자가 그 모둠에 조금 더 자주 가서 독려해 주는 것이 좋아요.

❺ 가위바위보를 해서 져야만 힌트를 얻을 수 있는데 이상하게 계속 이기는 모둠이 생겨요. 그럴 땐 모둠원에게 뭘 내고 싶은지 물어보고 그에 맞춰 진행자가 요령껏 져 주는 것도 필요해요.

❻ 진행자는 정답을 확인해 줄 때 틀린 부분을 발견한 즉시 오답임을 말하면 안 돼요. 진행자의 눈동자가 어디에서 오래 멈추는지 지켜보면서 힌트를 얻으려는 참여자도 있으므로, 진행자가 눈의 움직임을 들키지 않도록 계속 신경 써야 끝까지 재미있게 진행할 수 있어요.

▶ **함께 나누는 놀이 소감**

소설을 이야기할 땐 아이들 입에서 술술! 엄청 재미있게 얘기하다가도 화제가 시로 넘어가면 다들 꿀 먹은 사람처럼 입을 꼭 다물고 있는 경우가 많다. 시를 좋아하냐 물으면, 좋다 싫다가 아니라 시는 너무 어렵다는 답변이 돌아온다. 사실, 시는 노래인데! 하루 종일 이어폰을 끼고 노래만 듣는 그야말로 노래 없이는 못 사는 아이들도 시라면 질색을 한다. 대중음악도 좋지만 제대로 된 좋은 시 한 편을 아이들이 노래를 듣듯 읽고 또 읽어 암송까지 할 수 있다면, 시도 노래처럼 좋아할 수 있을 텐데 하는 간절한 마음이 있었다. 그런 마음이 통했는지 어느 날 '고백시점프'가 시의 영감처럼 우리에게 찾아왔다.

사실 '고백시점프'는 다른 책놀이에 비해 교사의 사전 준비도 부담스럽지만, 놀이를 진행하는 동안에도 바쁘고 정신이 없다. 계속 정답을 확인해 줘야 하고, 힌트가 필요한 모둠과는 가위바위보도 해야 한다. 오래 헤매서 삼천포로 빠지려는 모둠이 있으면 찾아다니며 보이지 않는 손이 작용하듯 도움의 손길도 줘야 한다. 그런데도 이 놀이가 계속 살아남을 수 있는 건 '고백시점프'를 할 때의 아이들 모습이 마치 시인 같기 때문이다. 시인 같은 아이들이라니! 그게 어떤 모습인지 궁금하다면 '고백시점프'를 꼭 해 보시기 바란다.

연계 가능 수업 놀이 사례

[중학교_역사] 역사적 사건을 소개한 카드를 준비하고, 카드를 무작위로 섞어 모둠별로 배부했어요. 첫 번째 라운드는 사건이 일어난 순서대로 먼저 배열하는 모둠이 우승하는 방식으로 진행했어요. 두 번째 라운드는 전후 사건의 인과 관계나 영향 등을 설명하는 모둠이 추가 점수를 얻어 역전할 수 있도록 첫 번째 라운드에 이어서 해 봤어요. 그랬더니 곳곳에 숨어 있던 역사 덕후들이 자신의 존재감을 드러내며 맹활약하는 모습이 보기 좋았고, 학기 말 어수선하기만 한 교실에 활기가 되살아나서 즐거웠어요.

[고등학교_문학] 소설의 전체 줄거리를 '발단—전개—위기—절정—결말'의 순서로 배열하거나, 소설의 주요 사건들을 시간의 순서로 배열하는 놀이로 변형할 수 있어요. 놀이를 통해 소설의 전체 내용을 파악하거나 사건들의 인과 관계를 파악할 수 있어요.

[고등학교_수학] '고백시점프'를 '고백증명점프'로 바꿔서 증명 단원에서 활용해 보았어요. 증명 과정을 한 줄 한 줄 잘라서 마구 순서를 섞은 후에 모둠별로 증명 순서를 맞춰 보도록 했어요. 단 한 명도 빼놓지 않고 함께 머리를 맞대고, 어떻게든 순서를 맞춰 보려고 노력하는 아이들을 보니 흐뭇했어요. 증명 단원 수업이 이렇게 활기찰 수 있다니! 아이들은 '고백증명점프' 놀이를 하고 나니 다음 정리는 더 쉽게 접근하고, 증명의 구조를 파악해 가더라고요. 모둠이 협동하여 순서를 맞춘 정리의 증명을 공책에 적고, 논리적 추론 과정을 다시 살펴보는 시간을 살짝 얹으니 진정한 수학을 배운 기분이라는 수업 후기가 들려왔어요. 시 놀이가 수학 놀이로도 변신할 수 있다니! 책놀이의 변신은 무죄!

놀이에 도움을 주는 큐알 코드

[고백시점프]
▶ 고백시점프_시 조각 세트와 힌트 종이

#그림으로 맞춰봐 #시와 친해지기 #어떤 시가 나올까

시 그림 퀴즈

참여자들이 시를 읽고 모둠별로 시와 관련 있는 그림을 그린 후 다른 모둠에서 시의 제목을 맞히는 놀이. 그림 힌트 난이도에 따라 다른 점수를 부여하고 마지막에 시를 낭독하면서 시적 감수성을 기르는 놀이.

- ▶ 관련 역량　☑ 공동체역량　☑ 협력적소통역량　☐ 지식정보처리역량
　　　　　　　☐ 자기관리역량　☑ 창의적사고역량　☑ 심미적감성역량
- ▶ 활동 단계　☐ 읽기 전　☐ 읽기 중　☑ 읽기 후
- ▶ 놀이 형태　☐ 개별　☑ 모둠
- ▶ 인원　모둠별 4~6명
- ▶ 시간　30분
- ▶ 준비물　시(읽기 자료), 종이, 시 뽑기 통

시(읽기 자료)
(개인별 1부)

종이
(모둠별 4장)

시 뽑기 통
(진행자용 1개)

▶ **놀이 방법**

❶ 참여자들에게 다양한 시가 수록된 읽기 자료를 나누어 준 후, 시를 읽게 한다.
　▷ 시는 모둠 수보다 3~4편 정도 더 제시한다.
❷ 진행자는 시 뽑기 통의 나무 막대에 시 제목을 미리 적어 두고, 모둠이 함께 그릴 시 한 편을 뽑게 한다.
❸ 모둠은 10분 동안 협력하여 뽑은 시를 표현하는 그림을 자유롭게 그린다.
　▷ 시와 관련된 그림 4개를 완성한다.
❹ 진행자는 참여자들에게 그림을 완성한 후 그림의 난이도에 따라 그림에 점수를 매겨 순서를 정하게 한다.
　▷ 어려운 그림(4점)에서 쉬운 그림(1점) 순으로 4점, 3점, 2점, 1점을 정한다.
❺ 발표 모둠은 4점짜리 그림부터 1점짜리 그림까지 차례대로 보여 주고 나머지 모둠은 그림을 힌트로 읽기 자료의 시 중 한 편의 제목을 맞히고 해당 점수를 획득한다.
❻ 4개의 그림 제시 후에도 정답이 나오지 않을 경우, 한 행을 힌트로 제시하고 먼저 맞힌 팀이 점수를 획득한다.
　▷ 이 경우 1점을 획득한다.
❼ 모둠별로 점수를 합산하여 가장 점수가 높은 모둠이 우승하게 되고 우승 모둠부터 각 모둠에서 그린 시를 돌아가면서 낭독한다.

▶ **놀이 과정**

진행자가 제공한
시 자료를 읽기

모둠별로 그림으로 표현할
시를 뽑기

모둠별로 시에 관한
그림 그리기(4장)

우승 모둠부터 시를 돌아가면서 낭독하기

제시된 그림 자료(4~1점)를 보고
모둠원끼리 협력하여 시 제목 맞히기

4장의 그림을 그린 후
난이도 정하기(1~4점)

▶ **즐거운 놀이를 위한 TIP**

❶ 교과서를 통해 배운 시보다는 참여자들이 처음 보는 시를 활용하면 더 흥미를 가지고 참여할 수 있어요.

❷ 비슷한 이미지가 그려지는 시를 2~3개 더 제시하면 정답의 난이도를 높일 수 있어요.

❸ 모둠에서 그림을 그릴 때 소외받는 아이들이 없도록 협력해서 그릴 수 있는 분위기를 만들어 주세요.

❹ 아이들이 시에 대한 다양한 이야기들을 자유로운 분위기에서 나눌 수 있도록 해 주세요.

❺ 각 모둠이 시집에서 고른 시를 온라인 협업 플랫폼에 올린 후 함께 읽어 보고 놀이를 진행하는 것도 좋아요.

❻ 시 그림 카드를 교실 뒤에 시와 함께 전시하면 시에 대한 흥미를 높일 수 있어요.

▶ **함께 나누는 놀이 소감**

교과서를 읽고 분석하면서 배우는 시들은 시험을 위한 공부 같아서 가르치는 교사도 마음이 즐겁지 않을 때가 많다. 시는 노래로도 불릴 수 있고 이미지를 그리면서 다양하게 접근할 수 있어 매력적인 것인데, 해석만 하다 보니 아이들은 어느새 시를 딱딱하고 어렵게만 느낀다. 시를 어떻게 하면 아이들에게 친근하고 재미있게 소개할 수 있을까 하는 고민에서 만들게 된 '시 그림 퀴즈'는 시를 본격적으로 배우기 전 아이들에게 시와 만나는 시간을 즐겁고 행복하게 만들어 주었다. 아이들이 좋아하는 그림 그리기를 시와 연결하니 각 모둠의 그림짱들이 적극적인 참여 의지를 보였고 어떤 그림을 그릴지 협력하는 과정에서 아이들은 시에 관한 다양한 이야기들을 나누었다. 누군가가 해석해 주는 시가 아니라 내가 의미를 찾는 시는 역시 재미가 있다. 조용히 혼자 읽는 시가 시끌벅적 같이 읽는 생동감 넘치는 시가 된 것 같아 뿌듯했다. 시 놀이 후 본인이 좋아하는 시를 가지고 와서 자신의 느낌을 공유해 주는 아이들을 보면 기특하고 예쁘다. 시가 아이들 곁으로 더 가까이 가길 기대해 본다.

변형 놀이 소개

😊 다른 시 놀이와 결합한 시 그림 퀴즈

원래는 교사가 미리 시를 준비하고 놀이를 진행하지만 다른 시 활동과 연계해서 '시 그림 퀴즈'를 진행할 수도 있어요. 먼저 아이들에게 시집을 고른 후 담임 선생님과 가장 잘 어울리는 시를 찾게 하고 그 시를 온라인 협업 플랫폼에 올리게 해요. 작성자의 이름은 밝히지 않은 채 화면을 보고 모둠별로 그리고 싶은 시를 정해 4장의 그림을 그린 후, 시 그림 퀴즈를 진행했어요. 마지막에 해당 시를 올린 친구의 시 선택 이유까지 들으니 시를 통해 인물을 더 생생하게 만날 수 있었답니다. 담임 선생님을 떠올리며 함께 낭독하는 시는 시에 대한 친밀감을 높여 주었어요.

놀이에 도움을 주는 큐알 코드

[시 그림 퀴즈]
▶ 시 읽기 자료 8편

6부

아무튼 놀이터

한글통 | 북마블 | 책바퀴
복불복 퀴즈 랜덤 박스 | 내가 사랑하는 시간

#공통점 찾기 #이게 뭘까? #아이스 브레이킹

한글통 : 한 글자의 공통점

제시된 몇 개의 글자를 보고 공통점을 찾아 해당하는 단어를 맞히는 놀이. 책이나 수업 내용 중에서 공통점을 가진 단어들을 찾으면 문제로 만들기가 쉬워 아이스 브레이킹뿐만 아니라 수업 마무리에도 활용 가능한 놀이.

- ▶ 관련 역량
  - ☐ 공동체역량　☐ 협력적소통역량　☑ 지식정보처리역량
  - ☑ 자기관리역량　☐ 창의적사고역량　☐ 심미적감성역량
- ▶ 활동 단계　☑ 읽기 전　☐ 읽기 중　☐ 읽기 후
- ▶ 놀이 형태　☑ 개별　☐ 모둠
- ▶ 인원　10~30명
- ▶ 시간　10분
- ▶ 준비물　한글통 문제 PPT

한글통 문제 PPT
(진행용 1개)

▶ 놀이 방법

❶ 진행자는 공통점을 지닌 몇 개의 낱말 중 같은 위치에 있는 한 글자만 뽑아서 제시한다.
  ▷ 제시하는 글자 개수는 상황에 따라 바꿀 수 있지만, 5개 정도가 적당하다.
  ▷ 제시하는 글자들은 낱말의 첫 번째 글자, 두 번째 글자, 마지막 글자 등 같은 위치에 있는 것이어야 한다.
❷ 참여자들은 제시된 글자를 보면서 그 글자가 들어간 단어들의 공통점을 찾는다.
❸ 정답을 아는 참여자는 본인의 이름을 외치고 진행자가 지명하면 공통점을 말하고, 각 단어가 무엇인지도 말한다.
❹ 만일 진행자의 지명이 없었거나 이름을 말하지 않고 정답을 말했다면 무효가 되고, 다른 참여자에게 기회가 넘어간다.
❺ 제시된 글자의 공통점을 맞히면 100점, 각 단어를 맞히면 단어마다 50점씩을 획득할 수 있다.
❻ 놀이가 끝난 후 점수가 가장 높은 참여자가 우승한다.

▶ 놀이 과정

PPT로 각 단어의 같은 위치에 있는 글자를 모아서 제시하기

제시된 다섯 글자의 공통점이 무엇인지 생각해 보고 정답 맞히기

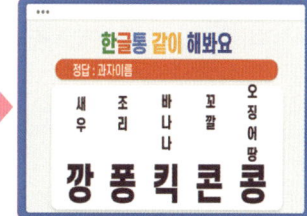
공통점을 맞힌 경우와 각 단어를 맞힌 경우를 구분하여 점수 부여하기

▶ 즐거운 놀이를
위한 TIP

❶ 난이도가 낮은 주제나 단어부터 시작해야 적극적인 참여를 이끌 수 있어요.

❷ 참여자들이 어려워하면 힌트를 주면서 정답에 근접할 수 있도록 유도해 주세요.

❸ 정답자가 특정 참여자에게 너무 집중되지 않고 여러 참여자에게 골고루 기회가 돌아갈 수 있도록 진행해야 더 재미있어요.

❹ 다른 참여자의 정답 발표를 잘 들으면 '주워 먹기'도 가능해요.

❺ 참여자들이 직접 문제를 만들 수 있는 기회를 주는 것도 참여율을 높일 수 있어요.

❻ 문제 PPT를 만들기 어렵다면 칠판에 바로 문제를 제시해도 괜찮아요.

▶ 함께 나누는
놀이 소감

유독 학생들이 힘들어하는 시간이나 날이 있다. 1교시나 5교시에는 졸려서 어쩔 줄 모르고, 비 오는 날은 물먹은 솜처럼 축 처져 있다. 이럴 때 '한글통' 놀이를 함께하면 반짝반짝 살아나는 모습을 볼 수 있다. 처음에는 과일 이름이나 나라 이름 같은 일반적인 주제나 아이돌과 간식 이름처럼 학생들이 좋아하는 주제로 놀이를 진행하면 초롱초롱 살아나는 눈빛이 보인다. 그러다가 마무리에 수업한 내용과 관련된 단어를 슬쩍 얹어 주면서 자연스레 수업과의 연계를 유도해 보기도 한다. '한글통' 놀이를 몇 번 하고 나니, 학생들이 스스로 문제를 만들어서 가져오기도 하고, 쉬는 시간에 친구들이랑 직접 이 놀이를 하는 모습도 볼 수 있었다. "이렇게 집중해서 단어들을 생각해 본 건 처음이에요.", "우리가 낸 문제들을 친구들이 맞힐 때 조마조마하면서도 즐거웠어요.", "한글통 문제를 만들 수 있는 게 없을까 자꾸 주변을 살펴보게 돼요." 등의 후기를 들으면서 진짜 가성비 좋은 놀이라는 생각이 들었다. 미리 준비한 문제 PPT가 없다면, 칠판과 분필만 있어도 언제든 진행이 가능한 놀이니까!

변형 놀이 소개

😊 N행시 과거시험과 연계 가능한 '한글통'

'한글통'에 제시된 다섯 개의 글자로 오행시를 지어서 발표하는 것도 재미있어요. 글자의 순서를 바꿀 수 있다고 하면 더 다양한 오행시들이 나온답니다. 주제를 정해 주고 오행시를 짓는 것도 가능하고요. 오행시를 지은 후 작품을 자유롭게 발표할 수도 있고, N행시 과거시험처럼 작품을 게시해서 스티커 투표를 통해 우수작을 뽑으면 더 즐겁게 활동할 수 있어요.

연계 가능 수업 놀이 사례

[고등학교_지구과학] 지질 단원에서 판구조론이 나오기까지의 과학 이론들과 과학자의 이름, 판의 경계 종류, 판의 경계에서 만들어지는 지형 등을 학습하고 이 내용을 바탕으로 학생들이 직접 문제를 만들어 제출하도록 했어요. 문제를 내면서 학생들이 아주 꼼꼼하게 교과서 속 내용을 살펴보더라고요. 학생들이 만든 문제들을 모으고 다음 시간에 다른 반에서 만든 문제와 바꿔서 풀어 보는 시간을 가졌어요. 수업 시간에 배우고, 문제를 만들며 복습하고, 다음 시간에는 다른 반에서 만든 새로운 문제를 풀어 보면서 한 번 더 복습하게 되는데요. 지질 단원에는 과학 용어가 많이 등장해 외울 것이 많다며 처음에는 학생들이 부담스러워했지만, '한글통' 놀이를 통해 제시된 과학 용어들의 공통점이 무엇인지 각각의 용어가 무엇인지 자연스럽게 익혀 친숙해졌다는 수업 후기를 학생들에게 들을 수 있었어요.

놀이에 도움을 주는 큐알 코드

[한글통]
▶ 한글통 문제 PPT

#책으로 부루마불 #문제 여행 #지식 통행료

북 BOOK 마블

포스트잇에 직접 출제한 문제를 말판에 붙여 주사위를 굴리며 문제를 풀어나가는 놀이. 황금 책갈피, 순간이동, 장학금 지원과 같은 특별한 이벤트가 놀이의 변수를 만들어 재미가 더해지는 놀이.

▶ **관련 역량**　☐ 공동체역량　☑ 협력적소통역량　☐ 지식정보처리역량
　　　　　　　☑ 자기관리역량　☐ 창의적사고역량　☑ 심미적감성역량
▶ **활동 단계**　☐ 읽기 전　☐ 읽기 중　☑ 읽기 후
▶ **놀이 형태**　☐ 개별　☑ 모둠
▶ **인원**　모둠별 4~6명
▶ **시간**　80분
▶ **준비물**　책(읽기 자료), 4절지, 다양한 색상의 포스트잇,
　　　　　　수세기 칩, 이동 말, 주사위

책(읽기 자료)
개인별 1부

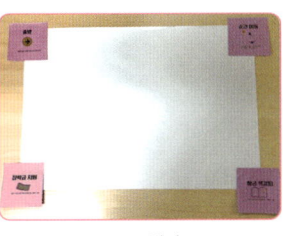
4절지
(모둠별 1장)

다양한 색상의 포스트잇
(모둠별 24장)

수세기칩
(인원수×30개)

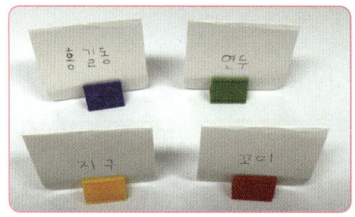
이동 말
(개인별 1개)

주사위
(모둠별 1개)

▶ **놀이 방법**

❶ 놀이 준비를 위해 참여자가 문제 말판을 만드는 시간을 갖는다.
　▷ 각 모둠에 4절지 1장, 다양한 색상의 포스트잇을 배부한다.
　▷ 동일한 색의 포스트잇 4장으로 각 장에 '출발, 황금 책갈피, 장학금 지원, 순간이동'을 작성한 후 4절지의 각 모서리에 붙인다.
　　→ 출발의 경우, 출발을 쓰고 화살표를 그려 진행 방향을 표시한다.
　▷ 개인별로 원하는 색상의 포스트잇을 고른 후 3~5개의 문제를 낸다. OX 문제, 선택형, 단답형 등 문제 유형은 자유로우며, 다양한 난이도로 출제한다.
　▷ 포스트잇의 앞면에는 문제를 적고, 뒷면에는 문제의 정답을 적는다.
　▷ 문제 카드가 완성되면 색상이 골고루 섞이도록 4절지에 붙인다.
❷ 놀이 준비가 끝나면, 모둠별로 말판을 바꾸고 각 모둠에 칩과 주사위를 배부한다.
❸ 모든 참여자는 이동 말을 출발지에 올려 두고, 칩을 15개씩 나누어 갖는다. 남은 칩은 말판 가운데에 둔다.
❹ 가위바위보를 해서 진 사람부터 시작하고 오른쪽으로 진행한다.

❺ 자신의 차례가 되면 주사위를 굴려 나온 수만큼 이동하고, '출발, 황금 책갈피, 장학금 지원, 순간이동'에 도착하면 다음 설명을 따른다.
  ▷ 출발: 출발지를 지날 때마다 말판 가운데에 두었던 칩 중 2개를 가져간다.
  ▷ 황금 책갈피: 칩 2개를 내고 다른 사람의 문제 카드를 가질 수 있다.
  ▷ 장학금 지원: 칩 개수가 가장 적은 참여자에게 칩 2개를 기부한다.
  ▷ 순간이동: 지금 바로 원하는 곳으로 이동한다. 단, 출발지를 한 번만 지나칠 수 있다.

❻ 도착한 곳이 문제 카드인 경우, 문제에 대한 답을 말하고, 답을 말한 사람의 왼쪽 사람이 포스트잇 뒷면을 보고 정답 여부를 알려 준다. 만약 답을 말하지 못하면, 정답 확인 절차 없이 문제 카드에 따라 칩을 내고 다음 차례로 넘어간다.
  ▷ 아무도 소유하지 않은 문제 카드에 도착해 문제를 맞힌 경우
    → 맞힌 사람이 문제 카드의 주인이 된다. 문제 카드 상단에 이름을 적고 옆에 별 하나를 표시한다.
  ▷ 아무도 소유하지 않은 문제 카드에 도착해 문제를 틀린 경우
    → 말판 가운데에 칩 1개를 반납한다.
  ▷ 주인이 있는 문제 카드에 도착해 문제를 맞힌 경우
    → 문제 카드에 표시된 별 개수만큼 자신의 칩을 문제 카드의 주인에게 '지식통행료'로 지불한다.
  ▷ 주인이 있는 문제 카드에 도착해 문제를 틀린 경우
    → 문제 카드에 표시된 별 개수의 2배만큼 자신의 칩을 문제

카드의 주인에게 '지식통행료'로 지불한다.

❼ 자신이 소유한 문제 카드에 다시 도착할 때마다 별을 추가하고, 별 개수만큼 다른 사람이 내야 할 지식통행료는 증가한다.

❽ 정해진 시간이 끝나면 놀이를 종료하고, 가장 칩을 많이 모은 사람이 이긴다.

▶ 놀이 과정

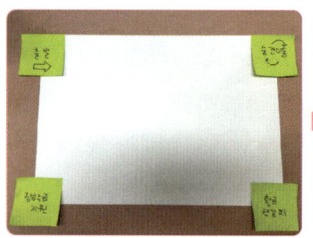
'출발, 순간이동, 장학금 지원, 황금 책갈피'를 4절지 모서리에 붙이기

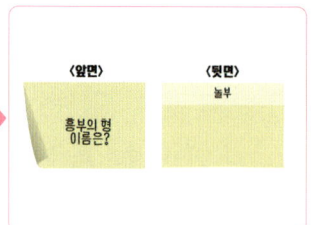
포스트잇 앞면에 문제를 내고, 뒷면에 정답을 적기

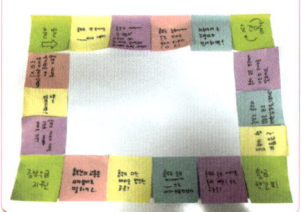
문제 카드 색상이 골고루 섞이도록 4절지에 부착한 후 모둠별로 말판을 바꾸기

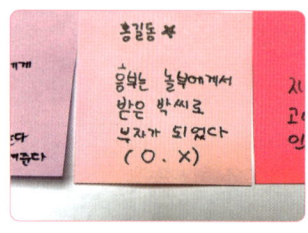
아무도 소유하지 않은 문제 카드에 도착해서 정답을 맞히면 해당 문제 카드에 이름을 적고 별을 1개 표시하기

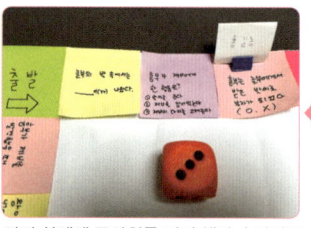
자기 차례에 주사위를 던져 해당 숫자만큼 이동하고, 도착한 곳이 문제 카드인 경우, 문제를 읽고 정답을 말하기

칩을 나누어 갖고, 출발지에 이동 말을 올려 두기

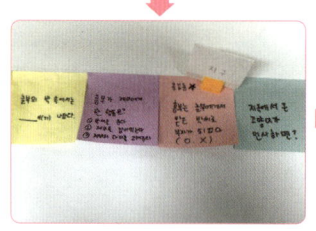
주인이 있는 문제 카드에 도착하면 문제를 풀고 문제 카드 주인에게 '지식통행료' 지불하기

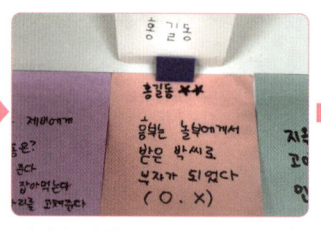
자신이 소유한 문제 카드에 다시 도착할 때마다 별 1개씩 추가하기

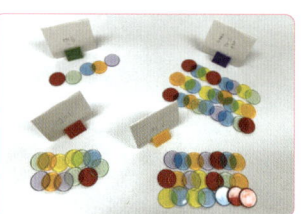
일정 시간 동안 놀이 진행 후 칩 개수를 세어 우승자 가리기

▶ **즐거운 놀이를 위한 TIP**

❶ 놀이 시간 80분 중, 40분은 말판 만들기로 40분은 실제 놀이 시간으로 진행할 수 있어요.

❷ '출발, 황금 책갈피, 장학금 지원, 순간이동' 카드를 미리 제작한 뒤 모둠에 나눠 주면 말판 만드는 시간을 줄일 수 있어요.

❸ 4절지가 없다면, B4 용지를 두 개 붙여서 활용할 수 있어요.

❹ 문제 출제 후 문제의 오류가 없는지 모둠별로 토의를 통해 선별한 후 붙이도록 해요.

❺ 모둠별로 문제를 만드는 데 시간 차이가 있을 수 있어요. 문제 카드를 붙인 후 말판의 중심을 꾸미도록 하여 시간 차이를 조절해요. 이때 책 내용이 잘 드러나도록 표현하거나 우리 모둠의 특징을 그리는 등 미션을 주면 좋아요.

❻ 문제 카드에 별을 표시할 때 별 스티커를 활용할 수 있어요.

❼ 문제 카드에 넌센스 문제를 포함하면 더욱 활기차고 유쾌한 분위기를 만들 수 있어요.

❽ 준비물 중 말 받침대가 없다면, 참여자의 소지품을 이동 말로 사용할 수 있어요.

❾ 준비물 중 수세미칩이 없다면, 바둑알이나 클립 등을 활용할 수 있어요.

▶ **함께 나누는 놀이 소감**

놀이를 준비하기 위해 문제를 출제하고, 문제 카드를 붙여 말판을 꾸미는 시간부터 활기차다. 문제 출제에서 넌센스 퀴즈를 낼 수 있다고 하니 책에 나오는 단어를 정답으로 하여 직접 넌센스 퀴즈를 만든 학생도 있었다. 어려운 문제를 만들고 싶거나 재미있는 문제를 만들고 싶어하는 학생들의 창의력을 엿보는 순간이었다.

놀이를 진행하는 중 학생들의 반응이 크게 나타나는 순간들이 있다. 문제 카드의 주인이 한 번 더 자신의 문제에 도착해 별 개수를 늘릴 때나 누군가가 장학금 지원 칸에 도착했을 때이다. 문제를 맞히지 못해 칩의 개수가 적은 학생이 크게 환호하며 의욕을 잃지 않고 끝까지 참여하게 된다.

수업 시간에 복습 마블이라는 이름으로 변형하여 놀이를 진행한 후 수업 일기를 쓰도록 했다. "재미있게 놀이에 참여했는데 복습이 되어 좋았다, 어떻게 공부할지 막막했는데 복습이 많이 되어서 공부할 자신감이 생긴다, 공부를 완벽하게 했다고 생각했는데 문제를 풀며 공부가 더 필요한 부분을 확인하게 되었다."라고 말하며, 이후의 학습 계획을 세우는 학생들도 있었다. 정기 고사를 앞두고 복습 활동으로 진행하기에 딱이라는 생각이 든다.

연계 가능 수업 놀이 사례

[고등학교_기하] 기하의 이차곡선 단원을 마무리하면서 '북마블'을 활용한 '이차곡선 복습 마블' 놀이를 진행했었어요. 다른 친구들이 낸 문제에 대해 다양한 평가들이 오갔습니다. 매우 쉬운 문제들이 있기도 했지만, 그것마저도 즐거움의 요소가 되더라구요. 친구들이 냈던 문제를 소중하게 모아서 다음 시간에 간단히 문제 출제 의도를 설명하도록 했더니 더 의미 있는 수업이 되었어요.

[고등학교_지구과학] 우주 단원의 학습을 마친 후 학생들이 직접 문제를 출제하도록 했어요. 문제 유형에 제한이 없다 보니 그림이나 그래프를 활용한 문제, 계산 문제를 출제하는 등 교과 특성에 맞는 다양한 문제들이 출제되었어요.

[고등학교_윤리와 사상] 동양 윤리 사상 단원에서 공자, 맹자, 노자 등 사상가들의 특징을 먼저 공부한 뒤에 학생들이 문제를 출제하게 하고 놀이를 진행했어요. 다양한 동양 사상가들을 주제로 문제 말판을 꾸미라는 미션을 주었는데, 주제에 맞게 개성 있는 말판이 완성되어 신명 나는 놀이 분위기를 더해 주었답니다.

놀이에 도움을 주는 큐알 코드

[북마블]
▶ 포스트잇에 '출발, 순간이동, 장학금 지원, 황금 책갈피' 인쇄하는 방법

#퀴즈 카드 모으기 #출제하고 맞히고 #경쟁과 협력을 동시에

책바퀴 | 책의 내용을 담은 바로 그 퀴즈

참여자들이 함께 책을 읽고 책의 내용으로 각자 퀴즈를 출제한 뒤, 출제한 퀴즈를 수합하여 모둠 간 인원을 섞어 퀴즈 대결을 펼치고 퀴즈를 맞힐 때마다 해당 퀴즈 카드를 획득하는 놀이.

▶ **관련 역량** ☐ 공동체역량 ☑ 협력적소통역량 ☑ 지식정보처리역량
　　　　　　　 ☐ 자기관리역량 ☑ 창의적사고역량 ☐ 심미적감성역량

▶ **활동 단계** ☐ 읽기 전 ☐ 읽기 중 ☑ 읽기 후

▶ **놀이 형태** ☐ 개별 ☑ 모둠

▶ **인원** 모둠별 4~6명

▶ **시간** 40분

▶ **준비물** 책(읽기 자료), A4 용지

책(읽기 자료)
(개인별 1부)

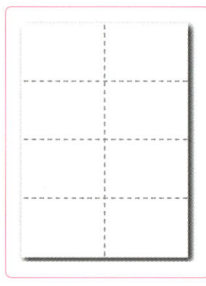
A4 용지
(개인별 1부)

▶ **놀이 방법**

① 모둠별로 앉은 상태에서 진행자가 A4 용지를 각 모둠의 인원수만큼 나눠 준다.

② A4 용지를 8조각으로 잘라서 1인당 퀴즈 카드 8장이 되게 만든다.

③ 읽기 자료를 보면서 원하는 유형의 문제를 만들어 퀴즈 카드에 적는다. 이때, 문제와 정답을 카드의 같은 면에 써서 바로 정오 판별이 가능하게 한다.

▷ 문제는 선다형, 단답형, OX퀴즈, 빈칸 완성형 등 다양하게 만들 수 있다.

④ 출제가 끝나면 문제에 오류가 없는지 모둠 내에서 상호 검토할 시간을 갖는다.

⑤ 검토가 끝나면 모둠에서 출제한 퀴즈 카드를 수합하여 섞고 내용이 보이지 않도록 모둠 중앙에 뒤집어 놓는다.

⑥ 모둠 간 참여자를 섞어 다른 모둠원끼리 퀴즈 대결을 할 수 있도록 한다.

▷ 각 모둠의 1번은 모두 1 모둠으로 모이고, 각 모둠의 2번은 모두 2 모둠으로 모이는 형태로 진행하면 각 모둠의 참여자들이 골고루 섞일 수 있다.

⑦ 모둠 간 새롭게 섞인 모둠에서 첫 번째 참여자가 다른 참여자들이 보지 못하게 맨 위에 놓인 퀴즈 카드를 가져와 문제를 읽는다.

⑧ 나머지 참여자 중에서 정답을 아는 사람은 손을 들면서 "정답"이라고 외치고 퀴즈의 답을 말한다. 정답이면 해당 퀴즈 카드를 획득한다.

⑨ 참여자의 답이 틀리면 다른 참여자에게 기회가 돌아간다.

⑩ 만약 모든 참여자가 정답을 모르면 다 같이 퀴즈의 답을 확인하

고 퀴즈 카드 더미의 맨 아래쪽에 넣는다.
- ⓫ 첫 번째 참여자의 오른쪽으로 다음 차례가 넘어가고, 퀴즈 카드가 소진될 때까지 놀이를 진행한다.
- ⓬ 진행자가 모둠별 진행 상황을 확인하여 놀이의 종료를 알리면, 참여자는 각자 획득한 퀴즈 카드를 들고 본래의 모둠으로 돌아가 획득한 퀴즈 카드의 개수를 합산하여 승리 모둠을 정한다.

▶ **놀이 과정**

퀴즈 용지를 접어서 자르고
퀴즈 카드 8장 만들기

읽기 자료를 보면서
퀴즈 카드 8개 만들기

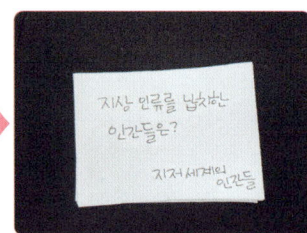
퀴즈 카드의 같은 면에
문제와 정답을 모두 쓰기

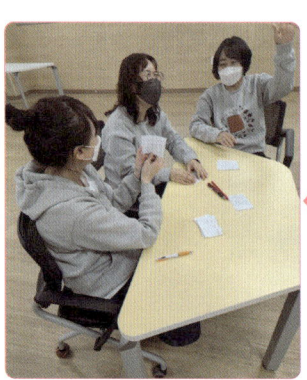
섞인 모둠에서 참여자들이 순서대로
퀴즈를 내고 나머지 참여자들이
정답 맞히기

모둠별 대결이 가능하도록
모둠이 골고루 섞어 앉기

모둠에서 만든 퀴즈 카드를
모두 수합하여 문제가 보이지 않도록
뒤집어 두기

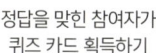

정답을 맞힌 참여자가
퀴즈 카드 획득하기

본래 모둠으로 돌아와 획득한
퀴즈 카드를 합쳐 승리 모둠 정하기

▶ 즐거운 놀이를
위한 TIP

❶ 퀴즈 카드를 작성할 때, 문제와 정답이 뒷면에 비치지 않도록 진하지 않은 펜으로 작성하게 하는 게 좋아요.

❷ 책이나 읽기 자료를 정독하지 못한 참여자가 소외되지 않도록 총 8개의 퀴즈 카드 중에서 1~2개는 책 밖의 문제를 내는 것도 놀이의 재미를 높여 줘요.

❸ 특정 참여자에게 카드 획득 기회가 편중되지 않도록 한 번 정답을 외치고 나서 연속해서 정답을 외칠 수 없도록 하면 골고루 기회가 돌아갈 수 있어요.

❹ 정답을 동시에 외치는 경우 어떻게 할 것인지 모둠별로 정할 수 있도록 안내해 주세요.

▷ 가위바위보 하여 진 사람, 획득한 퀴즈 카드가 적은 사람에게 기회 주기처럼 다양한 방식을 활용할 수 있어요.

❺ 모둠별 인원수가 다른 경우, 평균값을 비교하여 승리 모둠을 정할 수 있어요.

▶ 함께 나누는
놀이 소감

고등학교에서의 책놀이는 진도, 시험 등 다양한 난관에 부딪힌다. 아이들은 놀이를 좋아하면서도 수업을 하지 않고 놀았다는 생각에 부담을 느끼기도 한다. 그런데 만약 그 놀이가 내 학습에도 도움이 된다면? 책을 읽고 재미있게 놀면서도 공부를 할 수 있다면? '책바퀴'는 그런 놀이다. 아이들은 퀴즈를 만들면서 읽기 자료를 읽을 때 오해했던 부분을 바로잡게 되었고, 혼자 읽을 때 놓치고 지나갔던 내용에 대해 상기함으로써 책의 내용을 입체적으로 이해하게 되었다. 수업과 관련된 책을 읽을 때 단 한 번도 읽지 않고 엎드려 있던 한 아이, 어떤 수업에서도 마음을 내주지 않던 그 아이가 '책바퀴'를 할 때 일어났던 그 순간의 감동이 생생하다. 그 아이는 문제를 맞히지 못해 퀴즈 카드를 단 하나도 획득하지 못했지만, 그 아이에게도 역할이 있었다. 카드를 집어서 문제를 읽어 주는 역할. 그것은 그 아이에게 의미 있는 순간이었다. 그리고 교사에게도! '책바퀴'는 아이들에게 책의 내용을 이해하도록 돕는 놀이이지만, 모든 아이에게 최소한의 참여 기회를 보장해 주는 놀이이기도 하다.

변형 놀이 소개

☺ 조커 카드를 넣은 새로운 '책바퀴'

원래는 8개의 퀴즈 카드에 모두 책의 내용과 관련된 문제를 만들어서 놀이를 진행하지만, 8개 중 1개를 조커 카드로 제작해서 놀이를 진행하면 색다른 '책바퀴'가 될 수 있어요. 참여자들이 퀴즈 카드를 제작할 때 8개의 카드 중 1개의 카드에 '조커 카드'라고 쓰고 다른 퀴즈 카드와 함께 섞어요. 그렇게 하면 모둠원 수만큼 조커 카드가 생기겠죠. 참여자가 자신의 차례에 문제를 읽어 주기 위해 퀴즈 카드를 집었을 때 조커 카드를 뽑으면 그 참여자가 행운의 1점을 획득할 수 있어요. 조커 카드를 넣어서 놀이를 진행하면 우연성 덕분에 놀이가 더 재미있어져요.

연계 가능 수업 놀이 사례

[고등학교_독서] 독서 과목은 문학과 달리 아이들의 참여도와 흥미가 매우 낮아요. 독서 과목 중에서도 더욱 인기가 없는 과학 기술 분야의 글 읽기 단원을 학습한 후에 스스로 곱씹어 볼 수 있도록 '책바퀴'를 진행했어요. 모둠 안에서 출제할 부분을 서로 나누어 문제를 만드는 부담을 줄여 주고, 조커 카드와 유머 퀴즈로 재미를 더했더니 아이들이 과학과 관련한 다소 어려운 글도 쉽게 이해하게 되었어요.

[고등학교_통합사회] 통합사회 시간에 남북 분단, 동아시아의 역사 갈등과 관련된 수업 내용이 다소 지루하다고 생각되었어요. 그래서 수업 내용을 설명하기 전에 학생들이 스스로 교과서를 읽도록 한 뒤, 퀴즈를 만들어서 '책바퀴'를 진행했어요. 교사가 내용이나 개념에 대해 설명하지 않은 상태로 진행했지만, '책바퀴'를 통해 자연스레 학습이 이루어져서 실제로 수업할 때 학생들의 이해도가 평소보다 더 높아졌어요.

놀이에 도움을 주는 큐알 코드

[책바퀴]
▶ 책바퀴 놀이 후 활동지

#눈치 싸움 #두뇌 풀가동 #끝날 때까지 끝난 게 아니야

복불복 퀴즈 랜덤박스

참여자들이 같은 책을 읽고 출제자가 준비한 문제를 모둠별로 맞힌 뒤, 점수가 숨겨진 랜덤박스를 선택해서 자기 모둠이 가질지 다른 모둠에 보낼지 결정하며 복불복으로 점수를 쌓아가는 놀이

▶ 관련 역량   ☑ 공동체역량   ☑ 협력적소통역량   ☑ 지식정보처리역량
　　　　　　 ☐ 자기관리역량 ☐ 창의적사고역량   ☐ 심미적감성역량
▶ 활동 단계   ☐ 읽기 전   ☐ 읽기 중   ☑ 읽기 후
▶ 놀이 형태   ☐ 개별   ☑ 모둠
▶ 인원   모둠별 4~6명
▶ 시간   40분
▶ 준비물   책(읽기 자료), 놀이용 PPT, 점수 현황표

책(읽기 자료)
(개인별 1부)

놀이용 PPT
(진행용 1개)

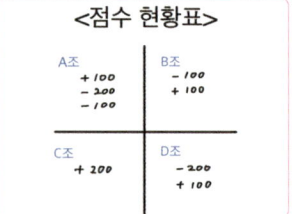
점수현황표
(진행용 1개)

▶ **놀이 방법**

① 놀이의 진행을 위한 사전 준비를 한다.
  ▷ 진행자는 참여자가 읽은 내용을 잘 이해하고 있는지 확인할 수 있도록 다양한 난이도의 문제를 15개 준비한다.
  ▷ 문제에 번호를 매겨 숨겨 두고 번호를 클릭하면 문제가 하나씩 공개될 수 있도록 PPT를 제작한다.
  ▷ 참여자가 문제를 풀면 화면을 통해 답이 공개될 수 있도록 PPT를 제작한다.
  ▷ 답이 공개된 다음 화면에 점수를 숨긴 두 개의 랜덤박스를 제작하되, 두 개의 랜덤박스에는 플러스 점수, 마이너스 점수, 0점 등을 다양하게 만들어 상자를 클릭하면 점수가 공개되도록 구성한다.
② 4~6명씩 모둠을 만들고, 모둠의 이름을 정한다.
③ 참여자 모두 정해진 시간 동안 책을 읽는다. 이때 책 속 내용이 퀴즈로 제시될 것임을 알려 주고 정독하도록 안내한다.
④ 퀴즈가 시작되면 읽던 책은 책상 서랍에 넣어 둔다.
⑤ 가위바위보 등을 통해 각 모둠별로 문제를 풀 순서를 정한다.
⑥ 첫 번째 모둠이 놀이용 PPT에 제시된 문제 번호를 선택하여 해당 문제를 시간 내에 모둠원과 상의하여 풀고 정답을 말한다.
⑦ 문제를 맞힌 경우, 점수가 숨겨진 두 개의 랜덤박스 중 하나를 선택하며, 이때 나오는 점수를 자기 모둠이 가질 것인지, 다른 모둠에 줄 것인지 정한다. 다른 모둠에 준다면 어떤 모둠에 줄지도 함께 정한 뒤에 상자 속 점수를 공개한다.
⑧ 정답이 아닌 경우, 다른 모둠에 기회가 돌아간다.
⑨ 놀이용 PPT에 준비된 모든 문제를 다 풀고 난 뒤 모둠별로 점수를 합산하여 가장 점수가 높은 모둠이 우승한다.

▶ **놀이 과정**

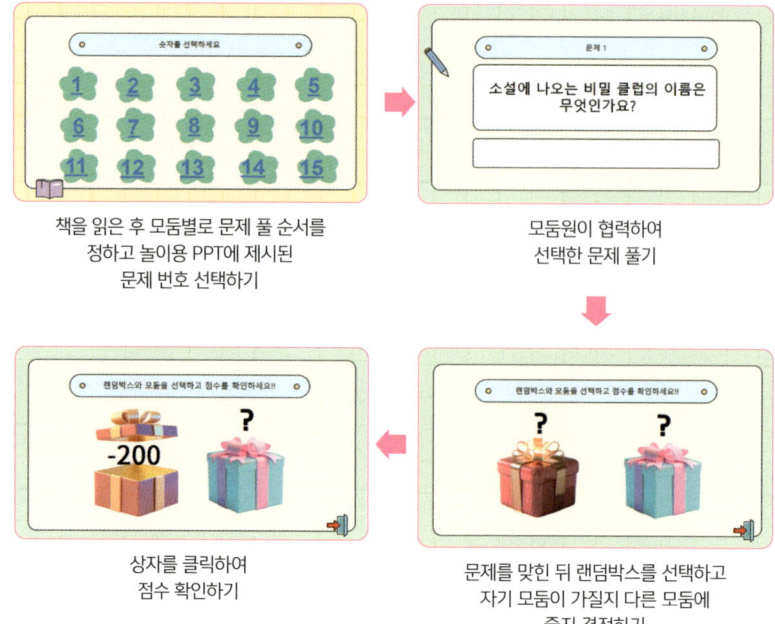

▶ **즐거운 놀이를 위한 TIP**

❶ 문제를 출제할 때 난이도를 다양하게 구성하면 모든 참여자가 흥미를 잃지 않고 놀이에 참여할 수 있어요.

❷ 문제를 참여자들과 함께 만들어 활용하면 진행자의 놀이 준비 시간도 줄일 수 있고, 참여자가 중요하게 생각하는 내용이 무엇인지도 알 수 있어 효율적이에요.

❸ 이 놀이는 문제를 맞히는 것뿐 아니라 숨겨진 점수를 선택하고, 그 점수를 모르는 상태에서 어느 모둠에 보낼지에 대한 전략을 짜는 재미가 있어요. 그런데 이 놀이에 대한 이해도가 낮은 참여자들은 점수를 다른 모둠에 주는 것을 망설이면서 잘 주지 않더라고요. 놀이를 시작할 때 놀이에 포함된 재미 요소를 정확하게 설명해 주면 더 적극적인 참여를 유도할 수 있어요.

▶ **함께 나누는 놀이 소감**

수업을 진행할 때 가장 어려운 것 중 하나는 학생들과 함께 책을 읽는 일이었다. 내용이 좀 어렵거나 길다 싶으면 아이들의 집중력은 10분을 넘기지 못했고, 더욱이 세부 내용을 꼼꼼히 점검하며 읽는 것을 기대하기는 힘들었다. 그러다 보니 학생들이 책을 읽는 대신 요약 정리된 내용을 강의하는 것으로 수업이 진행되는 경우가 종종 있었다. 그러나 스스로 읽고 생각하는 과정 없이는 수업 내용이 진짜 자신의 것이 되지 않을 거라는 고민 속에 읽기에 동기를 부여해 줄 재미있는 활동으로 '복불복 퀴즈 랜덤박스' 놀이를 계획하게 되었다. 이 놀이는 읽은 내용을 바탕으로 퀴즈를 푸는 기본적인 형태이지만, 점수가 숨겨진 상자를 고르고, 또 그것을 다른 모둠에 보내기도 하는 의외성 덕분에 학생들의 흥미를 끌 수 있었다. 학생들은 놀이에서 승리하기 위해 책을 열심히 읽었고, 간혹 문제를 틀렸을 때는 해당 부분을 다시 읽으며 세부 내용을 점검하는 모습을 보였다. 이를 통해 책을 깊이 있게 읽고자 했던 놀이의 목적이 잘 실현되었다는 보람을 느꼈다. 더불어 모둠원과 함께 논의하면서 답을 찾기 때문에 학생들의 소통과 협력에도 좋은 영향을 주었다. 특히 꼼꼼하고 섬세한 친구들과 활발하게 나서는 친구들이 서로 협력하며 점수를 쌓아갈 때 각자의 장점이 모둠에 힘이 되면서 끈끈한 동지애도 쌓여 가는 것이 이 놀이의 진정한 매력이라는 생각이 든다.

연계 가능 수업 놀이 사례

[고등학교_문학] 김동식의 단편 소설 「퀘스트 클럽」을 읽은 뒤 소설 속 배경, 인물, 사건 등과 관련한 세부적인 내용 확인을 위한 방법으로 '복불복 퀴즈 랜덤박스' 활동을 했어요. 문제의 난이도를 조절하기도 용이하고, 놀이 자체의 재미 요소가 뛰어나 학생들의 참여도가 높았어요. 퀴즈를 풀면서 친구들과 세부적인 내용을 다시 확인하는 모습을 보며 내용 학습에 효과적인 놀이라고 느꼈어요.

[고등학교_지구과학] 대기와 해양의 상호 작용 단원을 학습한 후 학생들이 직접 출제한 문제와 선생님이 출제한 문제를 섞어서 PPT를 제작하여 놀이를 진행했어요. 점수나 점수를 가져가는 모둠까지 복불복이다 보니 승패를 예측할 수 없어 문제를 잘 풀지 못하는 학생들도 끝까지 집중하여 참여하게 되더라고요. 실제로 한 문제도 못 맞힌 모둠이 다른 모둠의 점수 지원을 받아 우승하기도 했는데 다 함께 즐거워하는 모습을 볼 수 있었어요.

[고등학교_윤리와 사상] 사회사상 부분에서 각 이상 사회의 특징에 대한 문제를 출제하고 놀이를 진행했어요. 모르는 문제가 나오면 모둠끼리 상의도 하고, 랜덤박스도 함께 선택하고, 다른 모둠에 점수를 줄지 말지도 함께 정하다 보니 안 친한 친구들끼리 얘기를 하기 시작하더라고요. 서로 서먹하던 친구들이 함께 의논도 하고 웃기도 하면서 단합을 하기 시작했지요. 놀이의 힘을 다시 한번 실감했습니다!

놀이에 도움을 주는 큐알 코드

[복불복 퀴즈 랜덤박스]
▶ 복불복 퀴즈 랜덤박스_놀이용 PPT

#아이스 브레이킹 #나만의 힐링타임 #몇 시를 좋아하니

내가 사랑하는 시간

책놀이를 하기 전 자신을 소개하면서 긴장감을 풀고 가까워지는 간단한 놀이. '내가 사랑하는 시간'에 대해서 돌아가면서 말하고 경청함으로써 서로를 알아가고 이해하는 따뜻한 놀이.

- ▶ 관련 역량　　☐ 공동체역량　　☑ 협력적소통역량　　☐ 지식정보처리역량
　　　　　　　　☑ 자기관리역량　　☐ 창의적사고역량　　☑ 심미적감성역량
- ▶ 활동 단계　　☑ 읽기 전　　☐ 읽기 중　　☐ 읽기 후
- ▶ 놀이 형태　　☐ 개별　　☑ 모둠
- ▶ 인원　　10~30명
- ▶ 시간　　20분
- ▶ 준비물　　24시간 시계 포스터, 시계 방향 바닥 화살표 세트

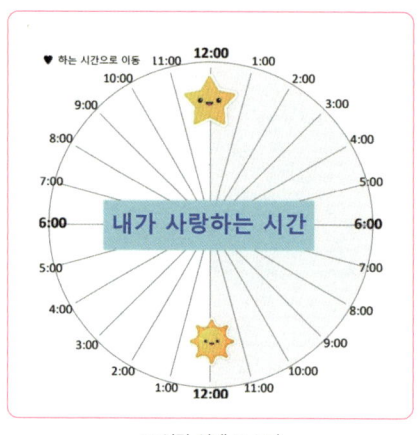
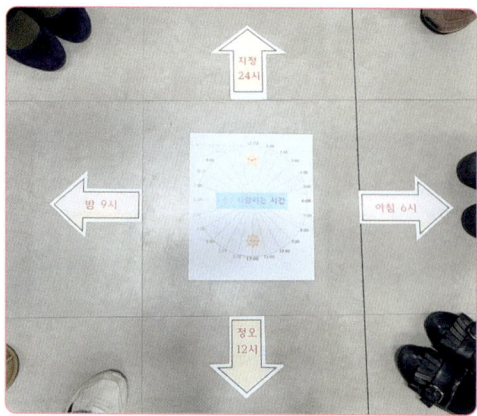

24시간 시계 포스터
(진행용 1개)

시계 방향 바닥 화살표 세트
(진행용 1개)

▶ 놀이 방법

❶ 진행자는 참여자들이 둘러 설 수 있는 바닥 중앙에 시계 포스터를 붙인다.

❷ 진행자가 자신이 좋아하는 시간과 그 이유를 먼저 소개하며 시범을 보인다.

❸ 참여자들은 24시간 원형 포스터를 기준으로 좋아하는 시간대 근처로 이동해 둥글게 원을 만든다.

▷ 같은 시간대를 선택하는 경우 앞 사람 뒤에 이어서 선다.

❹ 참여자들은 오전 시간대부터 서 있는 순서대로 각자 사랑하는 시간과 그 이유를 말한다.

❺ 참여자들의 발표가 모두 끝나면 진행자는 가장 인상 깊은 이야기를 한 참여자를 향해 동시에 손으로 가리키도록 한다.

❻ 가장 선택을 많이 받은 참여자를 우승자로 선정한다.

▶ **놀이 과정**

좋아하는 시간대 근처로 가 동그랗게 서기

시간순으로 돌아가면서 얘기하기

인상 깊은 얘기를 한 참여자를 손으로 가리키기

가장 많이 선택된 참여자를 우승자로 선정하기

▶ **즐거운 놀이를 위한 TIP**

❶ 참여자들이 편안한 분위기에서 참여할 수 있도록 진행자는 먼저 자신의 삶의 한 부분을 드러내는 사례를 제시해요.

❷ 진행자는 참여자들이 자신의 이야기를 꺼내놓을 수 있도록 포용적이고 협력적인 분위기를 조성해요.

❸ 각자 발표가 끝나고 참여자를 선택할 때, 가장 응원하고 싶은 참여자, 또는 위로하고 싶은 참여자 등으로 선택하도록 제안하면 더 따뜻한 분위기가 형성될 수 있어요.

▶ **함께 나누는 놀이 소감**

아주 간단한 놀이이지만 동그란 대열을 만들기 위해 움직이면서 활기가 생기고 우리가 한 공동체라는 것을 몸으로 느끼게 할 수 있었다. 시간은 누구에게나 공평하게 주어지는 것이라 대화의 소재로 부담스럽지 않았고, 학생들의 학교 외의 일상생활을 알 수 있어서 서로 더 친근해진 느낌이 들었다. 자기 얘기를 하지 않는 무뚝뚝하고 자신을 표현하는 일에 소극적인 학생들도 이 놀이에서 자신을 보여 줌으로써 한결 관계가 부드러워진 것은 생각지 못한 성과였다.

변형 놀이 소개

☺ '나를 ○○○ 하는 시간'
'내가 사랑하는 시간' 외에 '나를 슬프게 하는 시간', '나를 기쁘게 하는 시간' 등으로 주제를 바꿀 수 있어요. 슬프게 하는 시간은 참여자의 성향에 따라 솔직하고 의미 있는 나눔으로 연결할 수 있어요.

☺ '내 생애 ○○○ 했던 순간'
'내 생애 ○○○ 했던 순간'을 떠올리게 해서 대화의 물꼬를 트게 하는 것도 좋아요. 소재가 한정되지 않으므로 기뻤던 기억이나, 슬펐던 기억 등 자신에게 의미가 깊었던 날들에 대해 이야기하게 되는 소통의 시간이 될 수 있어요.

연계 가능 수업 놀이 사례

[중학교_학급 활동] 서로 어색한 3월 학급 활동 시간에 하니까 너무 좋았어요. 부끄러워하면서도 자연스럽게 자기소개도 하고 살짝 자신의 취향도 드러내면서 어색한 기운을 날려버릴 수 있는 시간이 되었어요. 우승자로 선정된 학생에게는 자유시간이라는 초코바를 상품으로 주면서 사랑하는 시간을 자유롭게 누리라고 했더니 학생들이 더 재미있어 하더라구요. 학기 말에는 '이번 학기 행복한 순간'을 나누는 시간을 가져보았는데 그동안 많이 친해져서인지 솔직하게 자기 얘기를 하고 서로 깊이 공감하는 모습을 볼 수 있었어요.

놀이에 도움을 주는 큐알 코드

[내가 사랑하는 시간]
▶ 24시간 시계 포스터
▶ 시계 방향 바닥 화살표

책놀이 후기

책놀이 선생님들이 함께 고른 최고의 책 16권을 소개합니다!

검단고등학교, 중국어, 김민정

지난 2년간 〈인천 책친구2〉 모임에 참여하면서 여러 선생님의 경험과 노하우가 담긴 놀이를 배우며 저 또한 많이 성장할 수 있었어요. 학생들이 책을 통해 즐거움을 느낄 수 있는 방법을 알게 되었고, 단순히 재미만 추구하는 놀이가 아니라 학습 요소까지 놓치지 않기 위해 노력해야 한다는 것을 깨달았습니다. 선생님들의 모습 속에서 학생들이 더 행복하게 배우고 성장하길 바라는 진심은 제가 경험한 진짜 배움이었습니다.

책놀이 원고를 집필하며 놀이를 쉽게 이해할 수 있도록 문장과 구성을 다듬는 일이 무척 중요하다는 것도 깨달았어요. 쉽지 않았던 작업이었지만 하나하나 완성해 가는 과정에서 뿌듯함과 성취감 또한 느낄 수 있었습니다.

이 책에는 선생님들이 학생들과 함께하는 순간 속에서 얻은 깨달음과 노하우가 고스란히 담겨 있습니다. 이 책이 교육 현장에서 책놀이의 즐거움과 기쁨을 전달할 수 있는 통로가 되었으면 좋겠습니다. 마지막으로 함께 집필에 참여한 책놀이 선배 선생님들의 열정과 노력에 깊이 감사드리며 함께 작업할 수 있어 행복했다고 말씀드리고 싶어요.

연수중학교, 사서, 김보현

가장 늦게 참여해서 많은 놀이를 진행해 보진 못했습니다. 극단적인 내향인이라서 처음에는 선생님들의 놀이에 대한 열정과 신입 회원에 대한 격렬한 환대가 좋으면서도 조금은 부담스러웠지만, 점차 적응해 나가는 중입니다. 선생님들과 함께하며 놀이도 배우고, 선생님들의 삶 그 자체를 배우며 좀 더 멋진 나를 꿈꾸는 저의 모습도 발견했어요. 언제나 즐겁고 긍정적인 모습으로 열심히 노력하시는 우리 〈인천 책친구2〉 모임의 선생님들을 존경합니다. 이 책을 읽고 책놀이에 도전하는 모든 분이 저와 같은 마음으로 행복하게 책을 읽고, 책과 함께하는 일상을 이어 가셨으면 좋겠어요!

인천부흥고등학교, 국어, 김연정

우리는 늘 해결되지 않은 고민을 안고 삽니다. 그런데 이제는 해소되었다고 자신감 있게 말할 수 있는 고민이자 바람이 하나 있어요. 그것은 바로 '학생들에게 긍정적으로 책을 읽히고 싶고, 그 시간이 유의미하면서 즐거웠으면 좋겠다.'였습니다. 2017년 〈인천 책친구1〉 선생님들의 공개 연수에서 하루 종일 키득키득 웃으며 참여한 저는, 수업이 이런 식으로도 진행이 될 수 있다는 놀라움과 함께 제 고민이 충분히 해결 가능하다는 확신을 얻을 수 있었습니다.

〈인천 책친구2〉 공부 모임의 결성은 이성희 교감 선생님의 이끎 덕분이었습니다. 갑작스레 제가 초대 회장이 되긴 했지만, 아이디어 뱅크로 놀이를 척척 개발해 온 오향옥 선생님이 노를 계속 저어 주었고, 총무 역할을 담당한 재기발랄한 김승미 선생님 덕분에 마음의 배에는 구멍이 나지 않았죠. 물론 그동안 크고 작은 위기가 있었지만, 귀한 인연을 지키겠다는 마음으로 서로 도우며 방향키를 놓지 않았기에 여기까지 순항해 올 수 있었습니다. 이렇게 재미있고 순수한 사람들과 만나고 활동하는 자체가 제게는 큰 자부심이었던 것 같아요. 우리의 소원이었던 책이 출간된다는 게 감격스럽습니다. 우리의 즐거운 시도가 다른 선생님들에게도 큰 기쁨과 행복이 될 수 있다고 감히 말씀드리고 싶어요. 〈인천 책친구2〉 선생님, 그리고 이 책을 보면서 가슴 뛸 선생님들 사랑합니다!

인천초은고등학교, 수학, 김희수

재미있게 노는 걸 잊고 살았던 저에게 놀이의 즐거움을 상기시켜 주었던 책친구들과의 첫 만남이 기억납니다. 제 교직 생활은 책친구를 만나기 전과 후로 나뉜다고 해도 과언이 아닌 것 같아요. 함께 있으면 항상 웃음이 넘치는 나의 책친구들. 상대를 높이는 말과 배려심 넘치는 행동으로 서로를 격려할 줄 아는 나의 책친구들. 유능하고 추진력 있어 옆에 있으면 든든한 나의 책친구들. 나의 책친구들에게 많은 것을 배우고 있고 이들 덕분에 성장해 나갈 동력을 얻습니다. 놀이에도 수업에도 진심인 선생님들을 만나 함께 모임에 참여할 수 있었던 건 제게 정말 큰 행운이며 영광이었습니다.

우리가 그동안 즐겁게 나누었던 놀이들이 모여 책으로 탄생했습니다. 아이디어와 재치가 넘치는 놀이들 덕분에 수업에 활기가 넘쳤고, 아이들이 즐겁게 배울 수 있도록 고민할 수 있었습니다. 이 책을 통해 우리의 좋은 에너지가 다른 분들에게도 전달될 수 있었으면 좋겠습니다.

서운중학교, 사서, 송윤선

'이렇게 수업을 할 수 있다고? 책놀이라면 애들도 신나고 나도 재밌겠네. 연수 참여하길 잘했다.' 처음 참석한 책놀이 연수에서 든 생각이었습니다. 겨우 6개월 경력의 신규 교사였기 때문에 의욕이 넘치는 상태였던 저는 책놀이 공부 모임을 꾸린다고 했을 때 바로 명단에 이름을 넣었어요. 그사이 많은 시간이 흘렀습니다. 쌓이는 경력만큼 우리 선생님들과의 추억도 함께 쌓여 갔어요. 막내가 기운이 넘쳐 버릇없이 굴어도 선생님들은 다 받아 주셨고, 교직 생활을 슬기롭게 보내는 노하우도 아낌없이 알려 주셨어요. 저에게 우리 〈인천 책친구2〉 선생님들은 새내기 교사가 배워야 할 교사의 본보기였고, 미성숙한 20대가 따라가야 할 인생의 로드맵 그 자체였어요. 이렇게 좋은 선생님들과 함께한 시간과 노력이 모여서 드디어 결실을 맺게 되었습니다. 누군가에게 이 책은 단순히 책놀이와 수업 놀이에 관한 정보를 알려 주는 실용서에 불과할 수도 있겠지만, 저에게 이 책은 그동안의 추억이 고스란히 담긴 인생의 사진첩 같습니다. 컴퓨터 속 유니코드에 불과했던 책놀이 원고들이 단행본으로 출판되기까지 우리 선생님들 정말 고생 많으셨습니다!

신흥여자중학교, 국어, 박효희

함께 모여 책으로 논다는 건 정말 매력적인 일입니다. 좋아하는 책이 놀이와 만나고 거기에 좋은 사람들이 더해져 교사로서 지치고 힘든 일상에 책놀이는 '소소하지만 확실한 행복'이 되어 주었습니다. 돌이켜 보면 이 책에는 우리가 함께했던 8번의 겨울이 담겨 있습니다. 책친구 선생님들을 통해 배우고 느끼고 성장하면서 함께하는 것의 소중함과 감사함을 느낄 수 있었습니다. 그래서 좋은 것을 함께 나누고픈 마음으로 책 작업에 참여했어요. 바쁜 일정 속에서 힘들기도 했지만 책친구 선생님들이 있어 늘 든든했습니다. 우리가 책놀이를 통해 느꼈던 기쁨과 즐거움, 짜릿함과 재미를 책으로 전할 수 있어 기쁘고 그 일부분을 함께할 수 있다는 사실에 너무 감사합니다. 모두의 노력이 담긴 이 책 한 권에서 누구나 책놀이와 수업 놀이가 주는 즐거움과 행복함을 느낄 수 있었으면 좋겠어요. 교사가 즐거워야 아이들도 즐겁습니다. 책놀이를 통해 놀이가 갖는 힘을 배웠고 혼자서는 어렵지만 함께라면 가능하다는 것도 알게 되었어요. 힘든 날에도 좋은 날에도 힘이 되어 준 〈인천 책친구2〉 선생님들에게 진심으로 고마움을 전하고 싶습니다.

인천효성고등학교, 국어, 오향옥

책을 좋아하고 노는 것은 더 좋아하지만, 책과 놀이의 콜라보를 생각해 본 적은 단 한 번도 없었습니다. 2017년 겨울, '책놀이'를 처음 만난 순간부터 저는 책놀이의 매력에 정신없이 빠져들었습니다. 세상 모든 것이 책놀이로만 보이는 콩깍지! 전지적 책놀이 시점이라고나 할까요? 이 놀이를 어떻게 하면 책놀이로 변형할 수 있을까? 아이들이 몰입해서 책을 읽을 수 있도록 도와줄 방법은 뭘까? 재미있게 좋은 책을 추천하는 방법은? 아이들이 학교 도서관에서 즐거운 독서 경험을 체계적으로 할 수 있게 하려면? 노력하지 않아도 저절로 이런 생각에 빠져드는 소중한 날들이 첫 마음 그대로 지금까지 이어져 오고 있습니다.

코로나 팬데믹까지 겪으면서 세상은 더욱 빠르게 변하고 교육 현장도 이에 발맞춰 빠르게 변하고 있습니다. 이런 세상에 책놀이라니? 그것도 고등학교에서 책놀이를 한다고 하면 다들 놀라시곤 합니다. 이 책은 그런 불가능하고 낯선 경험에 대한 기록입니다. 책, 사람, 책놀이가 빚어내는 재미와 감동, 그리고 신선함! 그것을 우리만 갖고 있기에는 아까워 책으로 묶는 작업을 시작했습니다. 중간에 포기하고 싶을 때도 있었지만, 이 과정에서 우리는 더 단단해졌습니다. 그리고 책친구이기만 했던 우리 모임의 선생님들이 인생의 친구가 되어 감을 느낀 의미 있는 시간이기도 했습니다. 세상에 혼자 힘만으로 온전히 이뤄지는 것이 없음을 이 책을 만들며 다시 배웁니다! 소중한 배움 앞에 저절로 고개가 숙여집니다!

삼산고등학교, 영어, 유서정

책놀이는 책을 통해 인생이라는 여행에서 친구를 만나는 근사한 방법이라고 할 수 있어요. 〈인천 책친구2〉 공부 모임에 가입한 이후 다양한 책놀이 연수와 워크숍을 통해 우리 모임의 구성원들은 서로의 장점을 알게 되고, 서로에게 도움을 주고받으며 성장해 왔습니다. 우리의 지난 경험과 추억을 이 책 한 권에 고스란히 담아 보고자 새로운 도전을 하기로 마음을 모았습니다. 저희가 학교에서 학생들과 책놀이를 통해 느꼈던 즐거움과 성취감을 독자분들도 느끼실 수 있기를 기대해 봅니다. 책과 가까워지고 평생 책을 친구로 삼을 수 있도록 책놀이를 개발하기 시작했지만, 혼자가 아닌 여럿이 책을 읽고 놀이를 하면서 책이 아닌 사람을 친구로 만들 수도 있었어요. 그래서 책과 인생의 친구를 만날 수 있는 좋은 방법은 바로 책놀이라고 생각합니다. 독자분들도 책놀이를 통해 인생의 좋은 친구를 만날 수 있기를 바랍니다.

신흥여자중학교, 국어, 조래경

책놀이 모임에 계속 기웃기웃하다가, 본격적으로 책놀이 공부를 함께한 지 이제 1년 반쯤 된 것 같네요. 2018년부터 있었던 모임의 오랜 역사에서 끄트머리를 차지하는 제가 이런 결실에 함께한다는 것이 민망하기도 합니다. 그동안의 결실에 무임승차를 하는 것은 아닐지 하는 걱정이 있기도 하고요. 하지만 앞으로 같이 써 내려갈 역사가 있다는 생각과 앞으로 제가 이바지할 부분이 있으리라는 생각으로 더 민망해하지는 않으려 합니다! 비록 이 책의 완성에 저의 기여가 부족하긴 하지만 완성된 책을 손에 쥐게 되면 너무 기쁠 것 같습니다. 고백하자면 책놀이 모임을 하면서, 행복한 놀이 수업이 무엇일까를 고민하는 선생님들 덕분에 많은 자극을 받고 있어요. 많이 배우고 있는 건 물론이고요. 아직은 아이디어도 실천도 부족하지만 모임을 계속 함께하다 보면 더 지혜로운 제가 될 수 있을 것이라고 생각해 봅니다. 즐거운 모임 속에서 피어나는 의미 있는 책놀이 연구가 앞으로도 가득하길 바라봅니다. 다음 책도, 다다음 책도 함께 할 수 있길 기대할게요!

인천예송중학교, 진로와 직업, 이푸르니

2018년 1월, 책으로 둘러싼 회의실에서 우리를 향한 책놀이 시조새 선생님의 달콤한 꼬드김이 꽤 끈질겼죠. 그리고 그땐 몰랐어요. 운전을 못 하는 제가 2주에 한 번씩 택시를 타고 〈인천 책친구2〉의 선생님들을 만나게 될 줄은. 긴 시간 동안 함께 할 수 있는 이유는 무엇일까? 곰곰이 생각해 보니, 순전히 제 이기심으로 책친구2 선생님들 곁에 머무르는 것 같습니다. '선생님'이라 불러주는 학생들의 마음이 그저 고마워 영원토록 학생들만 사랑하겠노라 저 혼자 단단히 약조했는데, 제 마음이 식어버린 순간도 있었어요. 또 학교 선생님들과 의견을 나누는 일을 꽤 좋아한다고 생각했는데, 이 꼴 저 꼴 보기 싫어 입을 닫고 싶은 순간도 분명히 있었죠. 이렇게 마음이 텅 빈 것처럼 외롭고 허무할 때 생각나는 사람들이 제겐 '책친구2' 선생님들이니까요. 〈인천 책친구2〉 선생님들에게 둘러싸여 한참을 이야기 나누다 보면 마음이 몽글몽글 따뜻한 기운으로 채워집니다. 그래, 그랬구나! 나는 사람 냄새가 그리웠구나. 좋은 사람들 속에 상대를 배려하고 마음을 나누고 싶었나 봅니다. 바쁘다는 평계로 시간에 매몰되지 않고 미래 교육에 대해 고민하는 시간이 제게는 필요했나 봅니다. 좋은 사람들의 모임, 〈인천 책친구2〉는 잔향이 오래가는 사람 냄새가 그득한 곳입니다.

동인천고등학교, 국어, 조자형

얼마 전에 크롬볼츠의 우연학습이론이라는 개념을 접하게 되었습니다. 예상하지 못했던 만남, 우연한 사건과 경험이 진로 결정에 영향을 준다는 내용이었습니다. 우연히 만난 좋은 인연으로 '책놀이'에 참여하게 되었고 또 다른 인연들로 연결되며 마음의 품이 넓어지고 있습니다. 수업의 기술이 아닌 배움의 가치를 깨닫고 있습니다. 누구 하나 소외되지 않고 서로를 배려하며 깨어 있는 수업을 위해 고민하시는 선생님들을 우연히 만난 덕분에 교사로서 나아가야 할 길[進路]을 조금은 찾은 듯합니다. 선생님들이 만든 놀이의 일부를 다듬는 정도의 역할밖에 하지 못했지만, 이 책을 만드는 데에 작은 힘이라도 보탤 수 있어서 기쁩니다.

인천뷰티예술고등학교, 국어, 임해연

2023년 〈인천 책친구2〉의 신입 회원이 되어 첫 모임을 갔던 날이 생각납니다. 처음 뵙는 선생님들이 대부분이라 어색하고 낯설었던 인사를 끝내자마자 다짜고짜 '북마블' 한 판이 벌어졌죠. 너무 긴장해서 우리 모둠 이름으로 정했던 'MZ'를 'MG'로 적었던 기억도 납니다. 놀이가 진행되면서 첫 만남의 긴장감은 놀이의 승리를 위한 긴장감으로 바뀌었고, 어느샌가 처음 뵌 선생님과 손을 맞잡고 기뻐하는 제 모습을 발견했습니다. 그야말로 '책친구'가 되는 순간이었습니다. 그 이후 모임을 통해 배운 책놀이를 제가 가르치는 학생들과 함께 수업 시간에 하게 되었어요. 처음에는 어색해하던 학생들이 놀이에 몰입하고 즐거워하는 모습을 보며 역시 '놀이'에는 힘이 있다는 것을 느끼게 됩니다. 요즘은 한 교실에서 생활하면서도 대화 한번 해본 적 없는 친구들도 많은데, 책놀이를 통해 대화의 물꼬가 트이고 더 나아가 서로에 대한 공감과 친밀함을 쌓아갈 수 있다고 생각합니다. 거기에 '배움'이 한 스푼 더 올라가니 이보다 완벽한 밥상이 또 있을까요? 늘 진도 나가기에 급급했던 저 자신에게도 책놀이는 수업의 생기를 되찾는 시간이었습니다. 여러 선생님의 노력과 열정으로 이렇게 책을 내게 되었습니다. 아주 작은 힘이나마 보탤 수 있게 되어 감사하고 영광입니다. 우리의 고민과 시행착오의 경험이 이 책을 보시는 독자님들께 도움이 되기를 진심으로 바랍니다.

신흥여자중학교, 진로와 직업, 이미숙

교사로서 가장 행복한 시간은 아이들의 살아 있는 눈빛을 마주하는 수업 시간, 수업으로 아이들과 신명 나게 대화하는 그 시간일 것입니다. 아직은 진로가 아닌 국어 교사이던 때에 수업에 대한 고민으로 이런저런 연수를 참으로 많이 기웃대다 만난 〈인천 책친구2〉 공부 모임! 국어 교과에 책놀이는 찰떡이어서 여러 단원, 한 학기 한 권 읽기 활동에 녹여 내면 놀라울 정도로 아이들이 적극적으로 참여하는 모습을 보이죠. 아이들은 물론이거니와 '낭독의 재발견'을 수업 시간에 진행하고 있을 때 복도를 지나가던 선생님이 찾아와서 신박한 그 수업은 무엇이냐고 묻던 기억도 있습니다. 매 단원 책놀이와 연결할 요소들이 넘쳐서 수업 준비도 행복했던 건 모두 〈인천 책친구2〉 선생님들 덕분입니다. 그동안 함께 개발하고 적용해 온 책놀이를 정리하고 책으로 출간하기 위한 작업을 하면서 〈인천 책친구2〉 선생님들의 역량에 감탄 또 감탄하고 말았어요. 베풀고 나누는 책친구 선생님들, 그 중심에 있는 오향옥, 김승미 선생님을 비롯하여 책친구 선생님들! 존경하고 감사합니다! 이 책이 저같이 고민 많은 선생님의 손에 닿기를 소원해 봅니다.

검단고등학교, 윤리, 김승미

어렸을 때야 김치찌개 냄새가 솔솔 동네에 퍼지고 엄마가 밥 먹으라고 부를 때까지 하루 전체를 노는 데 보냈지만, 어른이 되고 나서는 논다는 게 어디 쉽던가요. 사느라 바빠서, 나에게 이익이 무엇이고 손해가 무엇인지 따지느라, 어른인 척하느라 어느새 잘 놀지 못하는 사람이 되어 버렸습니다. 하지만 마음 깊은 구석에는 '시간 가는 줄 모르도록 놀고 싶어! 세상만사 모든 시름을 내려놓고 재미있게 놀고 싶어!'라는 놀이 지향인의 욕구가 차곡차곡 쌓여 가고 있었죠. 2017년 겨울, 처음 만난 책놀이 연수는 그야말로 놀고 싶어서 난리 난 선생님들의 집합 그 자체였습니다. 그동안 그 누구보다 놀고 싶었던 욕구가 스멀스멀 올라와 연수가 끝나자마자 홀린 듯 책놀이 공부 모임을 하겠다고 이름을 적은 그 순간부터 저는 그 누구보다 격렬하게, 책과 함께, 좋은 사람들과 함께 놀고 있습니다. 그 행복한 순간들이 한 편의 책이 되다니, 우리 그냥 함께 모여 놀고, 또 놀았을 뿐인데 그 놀이의 순간들이 우리 책의 한 페이지가 되다니, 행복하다는 말로는 부족할 정도로 뭉클하고 감사하네요. 무엇보다 같이 노느라 어쩔 수 없이, 불가피하게, 필연적으로 친해져 버린 우리 〈인천 책친구2〉 선생님들께 마지막으로 한마디 전하고 싶어요. "앞으로도 우리 같이 놀아요!"

인천중산고등학교, 지구과학, 방희조

『책으로 행복한 북적북적 책놀이』를 읽고 수업 시간에 놀이를 하나둘씩 적용해 보고 있을 때였어요. 어느 날 〈인천 책친구2〉모임에 참여하는 선생님께서 전화를 주셨죠. "책놀이 모임에 한 번 참여해 볼래요?"라는 말에 "무조건 할래요! 저 끼워 주세요!"라고 강력하게 어필했습니다. 한 달에 두 번 퇴근 후에 모여 밤 9시까지 함께 글이나 책을 읽고 신나게 놀았습니다. 삶의 활력소이자 꾸준한 취미 활동이 되었죠. '내가 이렇게 놀이를 좋아했나?'싶을 정도로 적극적으로 승부욕을 불태우는 제 모습도 신기했고, 무엇보다 재미있었습니다. 피곤해도 한바탕 놀고 나면 기분이 좋아져 달콤한 여운을 느낀 채 집에 돌아갈 수 있었죠. 다른 일정과 겹쳐 못 가는 날이면, 그날 무슨 놀이를 했는지 무척 궁금해 아쉬움이 클 정도였습니다.

책놀이를 배우면 수업에 바로바로 적용했는데, 신나서 행복해하는 아이들의 모습을 볼 때마다 〈인천 책친구2〉 모임에서 보았던 우리 모임 선생님들의 반응이 떠올랐어요. 우승의 단맛, 아쉽게 틀렸을 때의 짠맛, 힌트의 감칠맛 등 다양한 맛과 그 맛을 느낀 살아 있는 표정들. 서로가 한마음 한뜻으로 응원하고, 함께 성취감을 느끼는 모습도 똑같았죠. 놀이를 즐기는 것은 인간의 본성인가 봅니다. 책놀이도 즐겁지만, 놀이 후 함께 개선 방안을 논의하며 발전시키는 과정도 흥미로웠습니다. 연계하여 할 수 있는 활동을 추가하거나, 놀이에서 소외되는 학생이 없도록 하는 방법 등 다양한 시각에서 고민하며 배운 점이 많았어요. 이렇게 발전시켜 온 놀이들을 책으로 집필하는 것은 또 다른 배움의 과정이었습니다. 놀이 방법을 쉽게 이해할 수 있도록 서술하는 법에서부터 놀이 과정의 어떤 장면을 사진으로 넣을지까지 여러 선생님의 피드백을 받으며 수정해 나갔어요. 복잡했던 설명이 점점 정리되어 가는 과정을 통해 또 한 번 집단지성의 힘을 느낄 수 있었습니다. 책놀이와 함께한 날들이 녹아 있는 이 책을 읽고 독자들이 느낄 책놀이의 맛은 어떨지 궁금합니다!

서운중학교, 한문/교감, 이성희

어려서부터 책 읽기를 좋아했다. 마음껏 읽었다. 도서관은 그런 나에게 세상 더없이 행복한 공간이었다. 그 행복을 나누고 싶었다. 교사가 되어 학교도서관을 만들고, 독서교육을 시작한다. 모두가 책을 좋아할 수는 없지만, 그 매력을 조금이라도 느끼게 해 주고 싶었다. 하지만 맘 같지 않다. 깊은 고민에 빠진다. 학교 도서관이 놀이터가 되고, 그 속에서 책과 함께 즐겁게 노는 행복한 꿈에 빠진다. 그 시작이 어느덧 25년 전 일이다. 책놀이란 이름을 붙인다. 도서관이, 독서 수업이 웃음으로 가득하다. 책놀이 교사 모임을 만든다. 인천에서 먼저 시작한다. 뜻을 같이하는 사람들이 늘어난다. 참 소중하고 귀한 사람들이다. 선한 의지를 가진 사람들의 연대는 힘을 갖는다. 그 힘의 원천은 진정성이다. 아이들과 책에 대한 진정성은 책놀이의 힘이기도 하다. 오늘도 행복한 꿈을 꾼다. 혼자서 꾸는 꿈이 아니다. 그 꿈이 현실이 되는 순간을 경험한다. 같이 하기에, 같은 꿈을 나누기에 나는 행복한 교사다. 그 꿈을, 그 행복을 보다 많은 사람들과 나누고 싶다.

책으로 즐거운 두근두근 책놀이

문해력을 키우는 놀이 중심의 독서 교육부터 즐거운 수업 활동까지

초판 1쇄 2025년 4월 20일

글쓴이 | 전국학교도서관 인천모임 온오프 책친구2
펴낸곳 | 도서출판 단비
펴낸이 | 김준연
편 집 | 김정민
디자인 | 김선미
등 록 | 2003년 3월 24일(제2012-000149호)
주 소 | 경기도 고양시 일산서구 고양대로 724-17, 304동 2503호(일산동, 산들마을)
전 화 | 02-322-0268
팩 스 | 02-322-0271
전자우편 | rainwelcome@hanmail.net

ⓒ 책으로 즐거운 두근두근 책놀이, 2025

ISBN 979-11-6350-138-1   03370
값 22,000원

*이 책의 내용 일부를 재사용하려면 반드시 저작권자와 도서출판 단비의 동의를 받아야 합니다.